中汇城控股（集团）房地产研究中心 编著

# 房地产精细操盘
## 项目定位

化学工业出版社

·北京·

## 内容提要

一个地产项目销售的好坏来自前期市场研究分析结束后赋予项目的合适定位。项目定位无好坏之分,却有是否与项目整体情况相匹配之别。做项目定位包含很多具体做定位工作:一要挖掘项目价值,二要做客户定位,三要做产品定位,四要做楼盘形象定位,五要做产品价格定位。本书对房地产项目定位环节中的这五项重点工作的逻辑体系做了阐述,也对每一项都做了细致分解和执行要点讲述。

全书内容图文结合,清楚明了,既容易理解也便于参考使用。适合各类房地产相关行业从业人士阅读参考。

### 图书在版编目(CIP)数据

房地产精细操盘.项目定位/中汇城控股(集团)房地产研究中心编著.-- 北京:化学工业出版社,2014.9(2020.10重印)
ISBN 978-7-122-21615-1

Ⅰ.①房… Ⅱ.①中… Ⅲ.①房地产市场-市场营销学 Ⅳ.①F293.35

中国版本图书馆CIP数据核字(2014)第187269号

---

责任编辑:王 斌 邹 宁　　　　　　　　　　装帧设计:杨春烨 林德才

出版发行:化学工业出版社(北京市东城区青年湖南街13号　邮政编码100011)
印　　装:大厂聚鑫印刷有限责任公司
710mm×1000mm　1/16　印张14 1/2　字数300千字　2020年10月北京第1版第10次印刷

购书咨询:010-64518888　　　　　　　　售后服务:010-64518899
网　　址:http://www.cip.com.cn
凡购买本书,如有缺损质量问题,本社销售中心负责调换。

定　　价:58.00元　　　　　　　　　　　　　　　　版权所有　违者必究

**策划单位**：天火同人工作室

**编著单位**：中汇城控股（集团）房地产研究中心

**主　编**：苏少彬　肖　鹏　张　杨　刘丽娟　龙镇

**编　委**：

| | | | | | |
|---|---|---|---|---|---|
| 刘丽娟 | 刑风学 | 牟小龙 | 郑艳娇 | 张玉萍 | 赵　佳 |
| 马建军 | 张佳荣 | 赵　凯 | 苏永珍 | 董桂萍 | 许继生 |
| 马　娜 | 叶春林 | 郑海花 | 王瑞英 | 侯喜才 | 徐玉霞 |
| 马志国 | 王　祥 | 贾丽春 | 王印芬 | 王玉林 | 刘玉玲 |
| 张英俊 | 郑兰玉 | 曹永强 | 马忠义 | 范树玉 | 唐佳玲 |
| 张凤民 | 曹丽丽 | 周国彬 | 高铁民 | 任艳辉 | 王振玉 |
| 路学民 | 许文强 | 杨子生 | 刘素琴 | 杨国利 | 赵　全 |
| 王艳娟 | 初玉环 | 王云龙 | 郭翠英 | 李长胜 | 牟建国 |
| 李永林 | 牟建福 | | | | |

**执行编辑**：吴仲津　曾庆伟

**美术设计**：杨春烨　王晓丽

**设计创意**：广州恒烨广告设计有限公司

**专业支持**：易中居地产培训机构

# CONTENTS

## 目录

### 第一章 做市场定位，重在挖掘项目价值 ...............1

#### 第一节 项目市场定位的分析指标 .......................2

一、市场定位在项目定位中的位置 ........................3
二、市场定位要考虑 8 个方面的重要因素 ..................3
三、从 3 个方面确定房地产项目的市场定位 ................4
四、市场定位的步骤 ....................................7
五、发掘产品的客户敏感点 ..............................9
六、项目定位报告 .....................................10
七、产品建议书的 7 个方面 .............................19

#### 第二节 如何在细分市场中找到目标客户 ...............32

一、市场细分的指标 ...................................32
二、各市场细分客户要具有高度可识别性 .................33

### 第二章 客户定位——深度挖掘客户资源 ............35

#### 第一节 新时期房地产开发如何做客户定位 .............36

一、客户定位重在能锁定客户 ...........................36
二、做好客户定位必须先做好客户研究 ...................40
三、客户细分是房地产精准营销的必然结果 ...............43
四、可按客户圈层与购买力程度细分客户 .................45
五、客户细分要做客户特征描述与购房偏好研究 ...........46

第二节 标杆企业及知名顾问公司客户细分办法 ................. 55

一、Pulte 公司客户细分策略 ................. 55

二、万科客户细分策略 ................. 57

三、知名顾问公司的客户细分办法 ................. 63

第三节 客户购房关键触点研究 ................. 67

一、什么是客户关键触点 ................. 67

二、客户购房关键触点的研究内容 ................. 71

三、客户关键触点的研究对象 ................. 71

四、客户关键触点的研究方法 ................. 71

五、7 类不同因素影响客户关键触点 ................. 72

# 第三章 产品定位 ................. 81

## 第一节 对产品定位的重要认知 ................. 82

一、产品定位的意义 ................. 82

二、房地产项目做产品定位的三个价值 ................. 83

三、产品定位方向因为产品阶段不同而不同 ................. 84

四、做好产品定位的 4 个原则 ................. 86

五、产品定位方法及程序 ................. 87

## 第二节 影响产品定位的因素分析 ................. 93

一、客观因素 ................. 94

二、主观因素 ................. 98

# CONTENTS

## 目录

### 第三节 产品价值敏感点设置 ..................101
- 一、产品标准的内容 ..................101
- 二、区域价值 ..................103
- 三、产品规划的内容 ..................104
- 四、景观设计价值 ..................113
- 五、配套设施 ..................115
- 六、物业服务 ..................117

### 第四节 产品定位策略及执行技巧 ..................118
- 一、提升地产项目产品定位精准度的策略 ..................118
- 二、房地产项目中产品定位执行技巧 ..................119

### 第五节 其他品类的产品定位策略 ..................126
- 一、商业配套 ..................126
- 二、酒店 ..................127
- 三、写字楼 ..................130

## 第四章 形象定位——以何种整体形象打动人 ......137

### 第一节 项目形象定位概述 ..................138
- 一、房地产 CIS 系统 ..................138
- 二、做好项目形象定位的前提 ..................143
- 三、不同阶段的项目整体形象设计 ..................144
- 四、项目形象定位的 6 个注意点 ..................149

## 第二节 建立项目形象定位体系 ..................152

  一、形象力 ..................153

  二、产品力 ..................157

  三、利益诉求点 ..................158

## 第三节 大盘项目的形象包装策略 ..................161

  一、项目视觉识别系统核心部分 ..................161

  二、楼盘整体形象设计 ..................163

  三、建筑外立面形象定位 ..................164

  四、楼盘内在形象 ..................172

  五、现场销售形象 ..................174

  六、楼盘广告形象 ..................176

  七、项目公关形象 ..................177

  八、服务品牌形象 ..................177

# 第五章 大盘项目的价格定位策略 ..................179

## 第一节 项目价格定位基本概况 ..................180

  一、大盘项目价格的构成科目 ..................180

  二、房产价格的4个特征 ..................183

  三、项目价格定位的5种不同目标 ..................185

  四、价格定位的3个原则 ..................188

## 第二节 影响住宅房地产项目价格定位的4类因素 ..................189

  一、一般影响因素 ..................189

# CONTENTS
## 目录

  二、区域影响因素 .................................................. 193

  三、个别影响因素 .................................................. 195

  四、其他影响因素 .................................................. 197

 第三节 楼盘项目定价的重要程序 ............................................ 199

  一、收集整理市场信息建立费用数据基础 ................................ 199

  二、估计项目成本和需求 ............................................ 200

  三、分析项目竞争对手价格策略 ...................................... 200

  四、选择定价目标与基本方法 ........................................ 200

  五、确定楼盘的平均单价 ............................................ 200

  六、确定各期、各栋的平均单价 ...................................... 201

  七、确定楼层垂直价差 .............................................. 201

  八、决定水平价差 .................................................. 204

  九、形成项目价目表 ................................................ 207

  十、调整价格偏差 .................................................. 208

  十一、确定付款方式种类 ............................................ 208

 第四节 楼盘项目定价方法选择 ............................................ 212

  一、成本导向定价 .................................................. 212

  二、需求导向定价 .................................................. 215

  三、竞争导向定价 .................................................. 216

  四、可比楼盘量化定价法 ............................................ 218

# 第一章
## Chapter One

# 做市场定位，重在挖掘项目价值

在房地产项目策划中，项目的市场定位要解决的核心问题是：项目处在什么样的市场中，在为什么样的人盖什么样的房子？

简单理解的话，项目的市场定位就是一个为"要做什么样的产品"而展开分析论证的工作过程。

做项目市场定位的最终目的是：明确项目在市场中的位置即特定价值所在。这个特定价值由很多内容构成，比如产品组合、形象、价格等。

做产品的市场定位，还需要把握的一个基本原则是：突出个性、创造差异性。

## 第一节 项目市场定位的分析指标

市场分析不是指用精明的方式兜售自己的产品或服务,而是一门真正要明确自己所在位置的理性解析过程。

市场定位要在充分的市场分析基础上才能完成。一个项目如果完成了市场定位,相当于拿到了项目通向回收现金流的金钥匙。

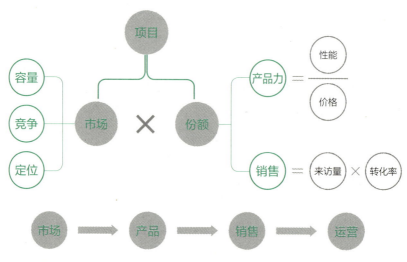

图1-1 市场分析的逻辑框架

## 一 市场定位在项目定位中的位置

在房地产行业中，项目定位一般是基于四个方面形成的策略：土地分析、客户分析、市场选择与竞争分析。

**四者关系**

市场选择与竞争分析是项目定位的核心基础条件，土地分析和客户分析是确定项目定位，获得产品建议的前提条件。

**市场定位**

市场定位是指企业根据竞争产品在房地产市场上所处的位置和目标客群关注的项目产品属性，为企业产品有针对性地打造差异化的鲜明形象并在顾客群中进行推广，从而使得开发的产品能够在市场上确定适当的位置。

**市场定位的位置**

市场定位在项目定位工作中处于基础性位置，最适合项目的定位大多根据精准的市场定位确定。

图1-2 市场定位在项目定位中的位置

## 二 市场定位要考虑8个方面的重要因素

市场定位的实质是企业通过差异化手段使本企业与其他企业严格区分开来，顾客能够用这种明显的差别做出消费行为。所以，在市场定位中，怎样在一个正确的时间、地点向哪些目标人群提供正确产品，对开发商来说是一个非常值得思考的问题。

做好市场定位有以下 8 个因素需要考虑：

图 1-3　项目市场定位要考虑的 8 个重要因素

市场定位策划的关键精力要用在：在合适的土地上为合适的客户提供与之匹配的产品，在了解土地的基础上选择客户，通过客户判断与竞争寻找机会。

## 三　从 3 个方面确定房地产项目的市场定位

地产项目的市场定位要围绕市场展开，旨在找出项目产品进入市场的最佳切入点，促使消费者产生购房的欲望。

进行项目市场定位分析时，主要探讨的问题有：

① 项目产品的市场可行性如何？

② 潜在客户和目标客户是谁？

③ 产品的市场受众面有多广？

④ 切入市场后如何顺利销售？

借助这些问题，大体可以从 3 个方面找到项目市场定位：

图 1-4 项目市场定位的 3 个方面

## 1. 销售目标定位

明确销售目标定位的价值在于能帮助开发商决定做哪一种产品。如何做好销售目标定位是策划的核心内容,也是打开市场的基础。

对开发商来说,明确的销售目标定位应建立在客户经济及观念接受能力和市场需求之上。客户对产品的接受能力可以从客户对地域的喜好程度、房地产档次选择趋势、房地产户型需求程度、小区环境满意程度、物业管理服务程度等方面了解。在市场需求方面,前期的房地产调研数据能够满足开发商对未来市场走势预测的要求,定期的宏观市场报告、地域房地产市场报告等数据能反映当下楼市的现状,对于国家及当地政府的政策解读也能够帮助决策者预见未来市场的变化。

在销售目标定位过程中,需要有针对性、有目的性地去锁定一个精准的客户群,但由于做不到一个非常明确的市场划分,因而定位只能是一个决策性、方向性、线条性的定位,这时候的销售目标定位要朝着两个方向:一方面,面向多数锁定的客户群;另一方面,通过从众效应进行信息传播来吸引另外一群类似的顾客。

## 2. 产品定位

房地产项目的开发有规模之分、产品档次之分和购买层次之分,开发商必须在市场上树立属于自己的特殊形象,因此,产品定位尤为重要。

房地产产品定位选择受两个方面的限制:硬件方面,如容积率、密度、绿化率、停车位配比、控高等全部由政府规划决定且不可更改;软件方面,如资金、材料、工期、技术、施工等都是不确定的变数。

除此之外，房地产产品销售周期较长，因此，开发商做产品设计时还需要使产品具备一定超前性和经典性，以应对经常变化的房地产市场，不会因为市场变化而使得产品滞销或过时。因此，房地产产品定位在真正执行时十分困难。

一般情况下，产品定位需要根据项目的档次、价格、区域、品质等综合性价比因素做相对应的调节变动。开发商顾虑到项目需要较大的投资，又存在相应风险和市场不确定因素，在对待产品定位时会小心翼翼，较为慎重，以求有一个正确的、能够符合市场趋势的产品定位。

### 3. 价格定位

除销售目标定位和产品定位之外，价格定位也足以影响开发项目成败。价格定位正确与否很大程度上反映出开发商对市场尺度的把握和对客户心理需求的了解，是具备竞争意识的表现。

（1）关注市场价格规律和走势，讲究销售的技术性

在竞争激烈的房地产行业中，价格对楼市的发展或多或少地都起到了牵制或制约作用，价格定位竞争也越来越突出。在房地产市场中，价格大多跟市场营销有关系。因此，价格定位除了要关注市场必然价格规律和走势外，在销售上也要有技术性的讲究。比如，一个多层住宅的楼盘销售，往往都是顶层和底层房子比较难卖，但是如果在销售中采取买顶层送露台，买底层送花园的推销措施，效果就会得到改善。

（2）价格定位要重视营销策略

楼盘价格定位最重要的一点就是必须注重营销策略。开发商应根据具体项目的地段差异、档次差异等各方面的差异，通过制定不同的价格打造产品差异化，具体做法有以下四个方面：

① 早期推介的楼盘可以注重策划销售，开始的成功则帮助项目迅速抢占市场份额，可以采取成本价或略高于成本价的价格销售。

② 时刻关注房地产市场走势，价格定位可以根据市场总体趋势进行小幅微调来刺激购房者出手购买。

③ 通过对竞争产品分析和跟踪监测后，推出具备相应市场竞争力的价格定位，此时应特别注重研究目标客户群内各种客户群体不同需求下的心理价位。

④ 一些精品高端项目，在开发前期所设定的客户群体即为中高端客户群体，因此，不同档次的房地产产品在价格定位上应该充分反映"物有所值"的原则。

## 四 市场定位的步骤

市场定位的关键是企业要在自己推出的产品上找出比竞争产品更有优势的特性。竞争优势主要集中在价格优势和产品偏好优势上。因此，企业在开发项目前期除了要控制成本，进行严谨的价格定位之外，挖掘产品特性也要具有创意性。

因此，企业市场定位可以通过以下三个大步骤完成：

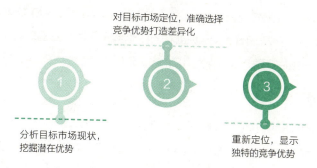

图 1-5 市场定位三大步骤

### 1. 分析目标市场现状，挖掘潜在优势

作为开发商，他们首先关心的、最想了解的还是市场行情及未来走势，在此基础上才能决定三个问题：是否要进行某个项目的开发工作，如何开发，让谁来执行开发。

这一步骤的中心任务是回答以下三个问题：

① 竞争对手的产品定位如何？
② 目标市场上顾客欲望满足程度如何？还有什么需求？
③ 针对竞争者的市场定位和潜在客户的真正需求，我们能够做什么？

回答完以上三个问题，企业就可以从中把握和确定自己的潜在竞争优势在哪里，在推广中树立属于企业自身的特色品牌形象。

### 2. 对目标市场定位，准确选择竞争优势打造差异化

竞争优势是一个企业同竞争对手抗衡的能力，这种能力既可以是现有的，也可能是潜在待挖掘的，在这个步骤里，企业可以运用 3 种分析来明确自身状况和市场所处的位置。

### （1）竞争对手分析

界定出竞争对手。识别了主要的竞争对手后，即可对项目相关参数罗列分析，进行多维度对比，标出竞争对手在常规重要指标上的数值，然后通过竞争对手优劣势分析一览表来做更深入的分析，分析结果可以用来借鉴对手的优势经验，规避劣势。

### （2）目标顾客分析

这个部分的分析是基于做市场需求调研时获取的数据，按照不同标准对客户进行分类，比如：按年龄、收入水平、地域等性质进行分类，然后对比顾客对项目各方面参数重视程度，并在重要参数旁做上标记，整理成表格或者便于浏览对比的图标。企业凭借这些数据了解顾客需求动态，了解顾客对房地产市场的需求特点，作为项目的市场定位依据之一。

### （3）自身分析

指标分析标记方法在自身分析工作中也可以运用，方法就是罗列分析企业自身的各个素质指标，在重要的参数上做出明显的标记。如此一来，企业可以清楚地了解房地产市场定位项目各方面的素质和项目竞争力，以及针对竞争对手而言，自身的优劣势在哪里。

通过这三方面分析，挖掘出的项目卖点，都会符合三个条件：

① 是竞争对手表现不足的方面；
② 是顾客看中的因素；
③ 项目在市场定位上有明显优势，具有核心竞争力。

## 3. 重新定位，显示独特的竞争优势

在这一阶段，企业应把挖掘出来的价值点和竞争优势通过稳定的媒介准确传播给顾客，以达到同潜在顾客沟通的目的，并在顾客心目中留下深刻的印象。企业应首先让目标客群了解、认同、喜欢并支持项目市场定位，建立与顾客设想一致的定位形象。通过强化给目标客户的形象，稳定客群态度，能够巩固建立起与市场相一致的形象。

在此过程中，还应注意目标客群对市场定位出现的理解性偏差或由于宣传失误而造成的形象模糊、难以辨认的情况，及时纠正这些不利于市场定位的形象，甚至可以考虑重新定位形象。

重新定位是指企业为已经推出市场的项目产品重新确定树立新的形象，以改变消费者对产品或企业原有的认识，争取有利的市场份额，适应市场的新需求。比如日化生产厂给洗发露的原定位为温和不刺激眼睛，但由于出生率下降，企业重新定位该产品为使头发松软有光泽，以扩大目标消费群，争取更多市场销售份额。但是，这其中企业决策者决定前还需要考虑到定位

转移成本和未来收益问题。

一般来说，发生下列情况可以考虑重新定位：

① 竞争对手推出了新的项目，并迅速抢占市场份额并分流客源；

② 市场调查发现顾客的需求或喜好发生变化，项目销售量锐减。

## 五 发掘产品的客户敏感点

奔驰总裁沃纳说过："学会了解人，知道别人所需，永远是制造商的首要任务。"

房地产市场格局总是在变化，人们总会产生新的需求，这些新的需求需要被企业发掘放大以抢占思维空缺，通过项目开发推出顾客需求的产品，争夺市场份额。

研究客户敏感点是为让顾客对企业推出的项目、楼盘等物业产生与众不同的好感，进而有购买欲望，吸引大量的人气。特别是在市场定位中确定目标客群后有针对性地进行客户敏感点挖掘能够让项目更快地受到青睐，切中目标客户群的需求。

值得注意的是，敏感点会随着环境和收入变化和时间推移有所变化，需要不断地寻找新的刺激力激发顾客的购买欲。

房地产行业的客户敏感点有很多，大部分集中在产品的属性上。例如：某楼盘的调查发现，顾客在咨询商品房的时候通常会问及精装修、社区配套、公摊费用和户型这些关键词，因此在往后的销售活动中，售楼人员在对楼盘产品进行介绍时多着重介绍这些客户敏感的信息点来吸引注意力，增强顾客的购买冲动。图1-6是一些产品价值的具体的客户敏感点。

图1-6 产品价值的客户敏感点

那么，前期策划阶段该如何找到客户的敏感点呢？

抢占思维空缺是不二法门。找到无处不在的需求可能性，跟客人谈话间可以发现他们对房子的居住和环境等各方面的细微需求，市场调研也能反映区域市场的主力客群对房地产的需求，专业机构的定期调查报告能够反映大市场的趋势和供需关系。

在找到这些需求信息后，形成初步的方案，经过分析评估等一系列调研工作，就能进入下一阶段的工作了。

## 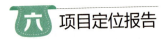 项目定位报告

### 1. 主要内容

项目市场定位主要反映为项目定位报告，其主要内容包括5方面：

① 分析3个问题：土地属性、目标客户、竞争策略；

② 提出1个主张：项目市场定位；

③ 阐述1组解决思路：做足产品初步建议。

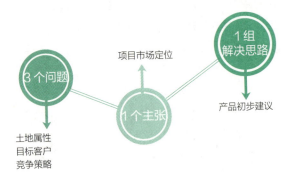

图1-7 项目市场定位主要内容

### 2. 核心维度

市场定位是项目定位的基础，所以市场定位中需要考虑的因素也是三个最为基础的核心维度：土地、产品和客户，这三者在项目定位报告中必须有详细的调研和分析论述。

第一节 | 项目市场定位的分析指标

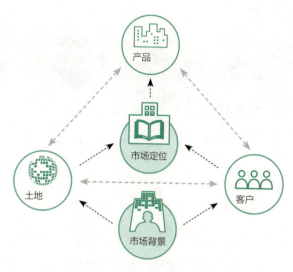

图1-8 市场定位考虑的核心维度

### 3. 解决的问题

房地产项目定位报告是企业根据地域特点，依据项目本身优势和特点，以及未来发展趋势判断，结合其他制约因素，最终找到最适合的项目客户群体，并在这一群体的特征基础上进行产品定位。因此，项目定位报告是市场定位的反映，做好这个报告需要解决的问题有如下一些：

图1-9 项目定位报告需要解决的问题

### 4. 报告思路

项目定位报告旨在经过一系列市场定位分析之后用于引导开发商进行具体项目开发、管理、盈利，因此项目定位报告必须阐明项目性质、目标市场、收益性、产品建议和开发工作建议等关键点。

第一章 | 做市场定位，重在挖掘项目价值

图 1-10 项目定位报告思路

## 5. 报告框架

作为具有指导及参考作用的"开发项目可行性报告"，项目定位报告需要重点说明"能不能做、做什么、怎么做"的问题。对市场进行分析是回答能不能做；通过市场分析和案例分析来回答做什么；通过具体个案分析，借鉴成功经验、吸取失败教训是回答怎么做的问题。

报告的框架具体如下：

图 1-11 项目定位报告的框架

（1）项目分析

项目分析的目的在于判断地块开发建设的可行性及档次，并对地块价值点进行挖掘，给出未来开发方向的基础数据。同时，通过对地块周边的景观、设施、人文环境的分析，有助于未来销售推广中，针对目标消费群的敏感点宣传，提升销售率。

这一部分内容主要围绕项目的基本情况展开：

① 地块四至研究，对需配备区位的示意图和实地调查的实景图片进行分析；

② 区域分析主要集中在研究该片区的经济、人文、生活习惯以及未来规划等软性方面；

③ 经济指标分析则要具体到项目上，包括：总用地面积、建筑面积、容积率、绿化率、建筑密度等规划指标。

## 第一节 项目市场定位的分析指标

（2）市场分析

市场分析要分三步走：

① 对宏观政策及项目所在区域的当地政府政策解读；

② 预测这些政策对未来房地产市场可能产生的影响；

③ 在此基础上对市场走势进行一定分析和预测。

相关类型物业开发情况分析

做供求分析时，还应把该地区近两年相关类型的物业开发情况及运作情况资料进行分析，最好采用柱状图、折线图、饼图等统计图进行数据归纳整理和表现，最后还要预测项目所在的房地产市场未来供需关系和发展趋势变化。做市场供求研究同时还要关注顾客对于各物业类型的需求和消费习惯，帮助挖掘项目卖点。

重点区域案例分析

竞争分析除了针对有直接竞争关系的项目产品之外，还应对次要竞争对手进行适当的分析，借鉴经验和规避劣势，对重点区域的具体案例更要进行深入剖析。

直接竞争楼盘分析

板块竞争分析之后就是对直接竞争楼盘进行分析，这里可以拆分为对住宅竞争板块的对比分析和商业物业竞争板块的对比分析。

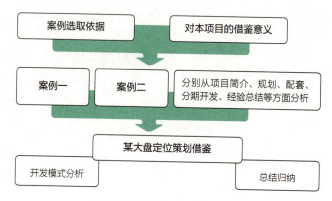

图1-12 重点区域具体案例专题研究

（3）项目定位

经过前面两个部分的大方向分析，在项目定位环节就需要回归到项目和开发商本身上，即开始研究"做什么最赚钱"的问题了。SWOT分析已经清晰地呈现了项目的优势、劣势、机会和潜在的威胁，这些分析有助于项目今后推广和运作上的扬长避短。

在进入项目定位阶段要做三件事：确定地块用途和开发物业的业态；确定发展模式的程度；有目的地进行消费群的研究，包括：消费习惯、消费特征、偏好等方面。做消费群研究一方面为了企业确定目标消费群，然后进行推广，达到跟潜在客户交流的效果；另一方面也能够让企业树立与众不同的企业形象，施行差异化的战略。

项目定位阶段核心是研究"怎么把产品卖出去"这个问题，所以还要在一系列分析和评估后，制定出项目市场推广策略，根据发掘出的项目卖点和收集到的关于客户敏感点的资料，结合市场的需求及未来走势，制定适合的销售策略，采取适合的销售手段。

（4）财务分析

财务分析环节主要研究"怎么做最赚钱"这个问题。

机会成本分析是针对选择开发该项目而放弃其他方案的代价进行评估，评判决策的成本和风险性。

项目的成本估算是根据项目的资源需求和计划，以及各种项目资源的价格信息，估算和确定项目各种活动的成本和整个项目的总成本。项目成本估算需要评估的科目有：劳力成本、物料成本、顾问成本、设备成本（折旧、租赁等）、不可预见费、其他费用，如：分包商的法定利润等。除此之外，项目成本估算还受项目开发工期长度、项目质量好坏、项目开发范围的影响。

图1-13 项目成本估算流程

开发商做新项目开发时，除了成本，必不可少地还要考虑到项目的收益和盈利性。因此在财务分析阶段，利润测算也是必需的，它主要用于预估未来项目盈利的可能性以及能够盈利多少的可能性。

表 1-1 利润测算表示例

| 序号 | 项目名称 | 合计 | 建设经营期 | | | | 备注 |
|---|---|---|---|---|---|---|---|
| | | | 第1期 | 第2期 | 第3期 | …… | |
| 1 | 租售收入 | | | | | | |
| 2 | 两税一费 | | | | | | |
| 3 | 开发成本费用 | | | | | | |
| 4 | 销售成本 | | | | | | |
| 5 | 经营成本 | | | | | | |
| 6 | 土地增值税 | | | | | | |
| 7 | 开发利润 | | | | | | |
| 8 | 所得税 | | | | | | |
| 9 | 税后利润 | | | | | | |
| 10 | 员工奖励基金 | | | | | | |
| 11 | 员工发展基金 | | | | | | |
| 12 | 可供分配利润 | | | | | | |
| | 归还垫支利润 | | | | | | |
| 13 | 盈余公积金 | | | | | | |
| 14 | 应付利润 | | | | | | |
| 15 | 未分配利润 | | | | | | |

项目社会效益评估主要看项目为国家和地方社会发展所带来的影响和做出的贡献，以及与社会相互适应的程度。社会效益评估的指标包括：经济增长速度、社会政策、收入分配、工作就业岗位增加、社会环境和地域人文状况等。

例如：分析项目对社区人口的影响，可以有如下调研内容：

① 当地社区人口统计特征如何？由于项目而引起社区人口特征发生如何变化，特别是数量、结构上的变化？

② 社区人口由哪些群体组成？项目是否给各群体带来影响？群体数量、结构如何变化？

③ 项目的目标群体是谁？哪些人收益，哪些人受损？补偿是否合理？

（5）项目建议

在这个部分的建议不以理论阐述、推测、分析为主，而是需要根据所有的分析数据提出有针对性的、跟项目所匹配的、围绕"我们该如何做"而展开的、为项目"量身定做"的开发方案建议。

经过对项目各个方面的分析，最后项目建议部分需要给出对项目整体的建议、工程进度的建议、分期开发的建议、产品设计和组合推售的建议、以及投资计划的建议。

 **项目定位报告**

以下是一份简单的房地产项目定位报告示例。

## 房地产项目定位分析报告

### 一、外部开发环境

1. 2012南充市城市重点建设项目中包括了道路建设、景观建设、公共设施工程等。其中,南充市核心商务圈提升工程:南充市人民南、北、中路下穿隧道工程,在人民南北中路修建下穿隧道,在部分地段修建部分地下商业约5万平方米,同时实施排水改造工程,团结宾馆路口跨线桥工程,在团结宾馆处修建人民北路至北干道的南北向跨线桥等工程的实施,北湖路综合改造工程,包括道路拓宽、交叉口渠化、基层换填、白改黑及苗木搬迁等,都将对本项目的开发造成影响。

这些工程建设都标志着项目开发区域的周边环境越来越完善,环境质量也在提高。而今年南充市重点发展的区域是高坪江东大道区域和顺庆西华华凤区域,对本项目的开发影响不大。

2. 该宗地位于南充市顺庆主城区的商业中心,周边是五星花园、北湖等两大商业圈,在南充的发展历史上,该宗地的地位一直不变。

### 二、内部项目定位

1. 项目启动对公司未来三至五年有重要发展意义,该项目位于商业中心,周边生活配套设施完整,计划未来几年将其发展为南充市最具代表性的商业楼盘,在本公司的发展项目中处于核心地位,该项目的启动也带动了南充市的经济发展,提高了人民生活水平与质量。

2. 本公司进入南充市重点区域,除了以盈利为目标,也提高了公司项目在市场的覆盖率,使公司品牌形象深入南充市人民的印象之中。该公司项目区域位置非常好,这大大降低了市场经营风险。

### 三、地块位置

该项目位于南充市顺庆区商业中心。

## 四、地块现状

1. 东至人民北路，西至莲池路，南至北湖公园，北至火车站。
2. 地势较高。
3. 地块地表未涉及居民拆迁、其他改造等。

## 五、项目交通出行状况

本楼盘所处地理位置，位于南充市中心，公交路线全面，可乘坐 3 路、7 路、5 路、14 路、22 路、31 路等公交车，路线分布在顺庆区的各个地方也是非常全面的。

## 六、项目周边社区配套

项目位于育英路和文化路路口，育英路是顺庆主城区的一个最主要的教育基地，这条路上包括了南充市最好的小学——五星小学，也包括了最好的初中——南充五中，其中南充五中也开办了高中，可以说每个有子女的父母都希望能让孩子在这样的一个有教育气息的环境中长大。与育英路、莲池路交界的是文化路，文化路可以说是南充市最繁荣的一条路，不仅有集中的商业区，也是川北医学院的所在地，还有平时可供休闲娱乐的北湖公园，大型超市家乐福、购物天地天赐名店、人民百货商场等。另外本楼盘也位于莲池路，莲池路有大型的菜市场等，生活配套设施完整。

## 七、SWOT 分析

表1-2 优势分析表

| 优势 | 优势发挥 |
| --- | --- |
| 区位：项目位于南充市中心，有非常好的市场价值 | 本项目应站在城市运营高度，通过区域价值扩大产品价值，在宣传推广中应将区位优势作为项目的一大亮点给予强调 |
| 人文底蕴：南充最集中的教育基地所在地，浓厚的教育气息 | 充分塑造浓郁的文化生活品牌 |
| 生活配套完整 | 大力宣传周边的生活配套设施完整 |

表1-3 劣势分析表

| 劣势 | 劣势弥补 |
| --- | --- |
| 面积较小，总面积42万平方米 | 户型设计好，绿化完整，基础设施完整，以吸引顾客 |
| 处于市中心，有噪音污染 | 可安装隔音玻璃，小区内多种植树木 |
| 对于新公司，投资比例高，对公司现金流要求高，项目回收期也较长 | 与银行沟通，及时补给，或者寻找更多投资商 |

### 表1-4 机会分析表

| 机会 | 机会利用 |
|---|---|
| 区域发展：顺庆区是南充最集中的商业地区 | 突出区域的优势，增加对周边配套生活设施重视的客户的吸引力 |
| 交通：距离市中心800米，各类公交路线集中 | 可将目标客户面适当扩大到更大区域，加快项目销售速度，在公交车上做广告，提高楼盘在各区的知名度 |
| 目前，顺庆区域内已开发并推向市场的楼盘已有一定数量 | 其成功和经验教训对于本案的开发、产品定位和差异化竞争提供了良好的借鉴 |

### 表1-5 威胁分析表

| 威胁 | 威胁规避 |
|---|---|
| 市场竞争激烈，全国各大品牌地产商纷纷入驻南充，从规模和产品品质上不乏有力的竞争对手 | 采用先进、有特色的开发理念和独特的生活主张铸造项目的鲜明形象和核心竞争力，形成差异性竞争优势 |
| 区域市场供应量大 | 扩展产品线，合理分配各类产品开发时间 |

## 八、市场定位分析

**1. 项目初步定位**

南充城市中心中高档精品住宅社区——基于顺庆区区域城市发展规划定位，区域规划的高起点和高标准，给定了本产品高标准的开发定位。顺庆区作为南充城市中心的定位已完全形成，已有多个高品质物业在该片区开发推出，良好的居住氛围逐渐形成，人气不断聚集和旺盛，作为顺庆区区域内的中高档住宅产品，消费者对区域认知已逐渐形成。

**2. 项目整体定位**

项目以清新、简约定位，坚持高品质、高档次、精品化的开发方向，通过资金、资源等的合理运用和优化组合，以人性化的独有设计，着力将本项目打造成喧嚣城市中的精神绿洲、浮躁社会中的人居典范，突出人文社区自然、简约、温馨、亲和的特征。项目位于城市中心，周边生活配套设施完整，小区内也有基础的休闲娱乐设施，处于北湖公园旁边，自然环境相对优越，有着浓厚的人文气息。

**3. 小区功能定位（以人为本原则）**

根据目前住宅建设水平和人们的消费水平，功能定位有一定的前瞻性，使该小区建成后能适应所在区域的发展。使用套内无梁、无柱的钢筋混凝土大空间结构，以适应自由分隔组合空间住宅的发展，减少或杜绝居民装修时对住宅的破坏；采用标准化的具有防渗水、渗气、保温、隔热、隔音等良好性能的复合门窗等全方位功能，在起居、饮食、洗浴、就寝、储藏、工作学习方面为住户提供便捷与舒适感。

**4. 形象定位**

项目以清新、简约的形象定位，坚持高品质、高档次、精品化的开发方向，摆脱平庸追求个性；摆脱冷漠追求亲和；摆脱单调追求愉悦；摆脱茫然追求品质。以人性化的独有设计力，将本项目打造成喧嚣城市中的精神绿洲、浮躁社会中的人居典范，突出人文社区自然、亲和、温馨、简约大方的特征。

5. 价格定位

通常大型项目的一期都是以相对低价入市，迅速吸引买家、聚集人气、打响品牌。而本公司在南充片区属于新公司，知名度不高，但是项目的地理位置优越，根据南充房地产发展趋势，本公司将价格确定在 4500 元左右，是较为合理的市场均价，也使得目标客户群最大化。

6. 客户定位

（1）区域划分

南充本地，倾向于购买顺庆区区域住宅的客户群体，主要是对该区域情况较为熟悉，已形成对该区域生活认同和有生活情结的这部分客户。

川东北经济发达地区（广安、广元、遂宁、达州、巴中）以及省内外客户（在川常驻，有一定经济实力）。

（2）年龄结构

根据调查结果表明，本地区主要购买力在 25~40 岁区间，在这一年龄区间的人群对于房屋的需求还是最大的。

（3）职业类别

根据统计结果表明，本地区人员职业比较多元化，但是大多数以个体经商为主，高级型管理人才较少。也可能导致本地区人员购买力不高。

（4）家庭收入

根据调查显示，本地区人员月收入大多在 2000~4000 元左右，对于如今房价高涨的局面，南充 3500 元／平方米左右的普通房屋均价，这样的月收入，买房还是比较困难的。

# 七 产品建议书的 7 个方面

产品建议是项目市场定位和规划设计之间的工作流程。

对于不同土地的使用策略，可以借鉴万科产品建议书中的土地划分思路：在客户对土地不同居住需求理解的基础上，用不同品类对土地进行分类。

所以，策划人员在给一块土地做策划之前应积极思考：这块土地适合做哪类客户？并且，这些客户分别看重哪些土地价值？

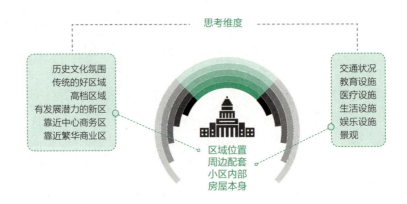

图1-14 土地价值的分析思考维度

产品建议书包括7方面内容。

（1）关注2个问题：关注客户、关注竞争。

（2）使用4种方法：客户访谈、专家访谈、案例研究、趋势研究。

（3）提出1份建议：产品建议。

## 1. 产品建议书逻辑

以客户为导向用产品表达客户需求，以市场或区域竞争为导向用产品表达市场趋势，决策者根据客户不断改变的需求和市场需求的变化作出适当改善土地属性的决策。

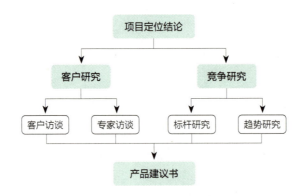

图1-15 产品建议书逻辑

（1）客户研究

在客户访谈中，主要了解客户需求并为客户群分类和设定目标客户群打下基础，具体的客户信息可以分为以下几个方面：

表1-6 客户访谈必须掌握的客户信息

| 客户信息 | 访谈内容 |
|---|---|
| 客户背景 | 了解客户的基本特征，包括从穿着品位到职业和年龄 |
| 生活方式 | 用于推测和验证客户对于项目产品的需求，同时作为后期营销推广的根据 |
| 土地价值 | 与客户谈及土地可谋求的发展，从中了解其对土地价值的期待 |
| 小区需求 | 了解客户对于居住环境的要求，例如：绿化、架空层、大堂、配套等 |
| 户型需求 | 详细了解客户对于细节的追求，例如：装修度、户型等 |
| 支付意愿 | 客户的支付能力和支付方式以及对房价的态度 |

专业访谈对象主要围绕在三级市场业务员和竞品操盘者等从事房地产业工作或相关工作的人员。他们大都是直面客户或最了解客户的专业人员，通过跟他们的交谈可以了解并发现客户的需求。

（2）竞争研究

标杆研究旨在借鉴使用房地产业内成功企业或畅销产品的优秀做法和吸取滞销产品的失败经验，达到规避因企业自身不足所带来的风险的目的。对产品的研究指标大致可分为：规划、绿化、单体、户型共四个因素进行评估。

在研究过程中，通过发掘经过市场验证的客户需求和寻求尚未满足的需求，有针对性地推出产品，在短时间内不仅可以使产品畅销企业盈利，企业形象和品牌也逐渐在业内树立。

## 2. 产品建议流程

根据项目定位结论进行项目客户满意度和需求研究，给出的产品建议有助于及时改善土地及产品属性，提高项目的市场满意度。

图1-16 产品建议流程

### 3. 产品建议书内容

产品建议书包括客户研究总结和产品设计建议两个部分，内容涵盖客户进入小区到户型内部结构的完整生活过程。

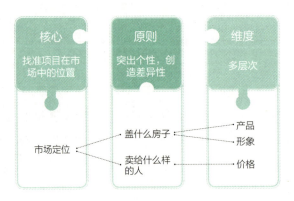

图 1-17 产品建议书涵盖内容

（1）客户研究总结

客户研究的总结内容主要为：

① 明确土地改善方向，

② 发现客户需求趋势，

③ 提炼客户价值曲线。

（2）产品设计建议

产品设计建议部分内容为：

① 明确竞争策略，

② 提出规划建议，

③ 明确设计要求／客户需求。

**安托山项目产品建议书**

安托山项目位于深圳福田区西侧,安托山片区内,与南山区相接。安托山片区由北环大道、广深高速和侨香路围合而成,侨城东路南北向贯穿通过,将地块分为东西两部分。建设用地位于东地块中部,临近待建的北环侨城东立交。

项目用地紧邻侨香村。片区东南侧是香蜜湖－农科片区,西南侧为华侨城－园博园片区。北邻城市快速路北环大道,通过北环、深南和滨海 5~20 分钟可到达福田、南山、罗湖的中心区域。

图 1-18 安托山项目土地示意图

## 1. 项目定位

表 1-7 土地价值梳理:横向及纵向切分土地

| 一类 | 东北侧有山景,东侧靠近运动公园,西侧靠近中央园林,景观较好;到一定高度还可以看到城市景观和概念海景,为一类用地 |
|---|---|
| 二类 | 受到周边建筑遮挡,但可以从西北、东北一些视觉通廊看到山体,为二类用地;但 60 米高度上可以看到园博园、城市景观,有部分海景资源,资源接近一类用地 |
| 三类 | 受北环噪音干扰较小,可以享受良好的内园林景观,为三类用地;50 米高度以上西北面可以看到山景,也可以看到部分城市景观,资源接近二类用地 |
| 四类 | 60 米以下受到南面、西面建筑遮挡,和侨香路噪音、地铁人流等影响,为四类用地;但在 60 米高度以上,可以看到海景、城市景观、北向部分山景,资源接近二类用地 |
| 五类 | 受北环噪音影响,主要景观为山景和内园林景观,为五类用地;但在 50 米高度以上具备优质山景资源,北环噪音减弱,资源接近四类用地;若靠近北环能采用类似城市山谷的处理方法,可改造为三类用地 |

表 1-8 香蜜湖——高端改善山海住宅

| 户型类型 | 面积比例 | 总销售面积/m² | 套数比例 | 建筑面积/m² | 功能面积/m² | 建议单价元/m² | 建议总价/万元 | 地铁 |
|---|---|---|---|---|---|---|---|---|
| 再改二 | 三房 | 25% | 49117 | 30% | 150 | 165 | 26000 | 390 | 四五(三)类 |
| | 四房 | 45% | 88410 | 45% | 175 | 190 | 30000 | 525 | 二三类 |
| 再改三 | 五房 | 30% | 58940 | 25% | 205 | 230 | 35000 | 718 | 一二类 |
| 合计 | | | 196467 | | | | 30500 | | |

建议往上赠送 10% 面积作为附加值,追求户型本身的舒适性。

## 2. 客户来源

以项目周边的福田区改善客户为主。

表1-9 客户分类研究

| 客户分类 | 购房目的 | 身价 | 辐射范围 | 职业 |
|---|---|---|---|---|
| 再改二（70%） | 改善居住 | 860万 | 香蜜湖、景田、农林、侨城东等 | 高级职业经理人或中小企业主，居住在周边的自住客户，已习惯周边生活，但需改善居住环境 |
| 再改三（30%） | 高端改善 | 2000万以上 | 1. 周边改善类客户 2. 辐射外围客户，希望进入城区生活，以关外龙坂为主，其他区域有少量 | 实业投资控股 私营业主 |

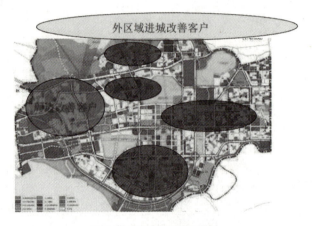

图1-19 项目客户分布示意图

## 3. 客户分析（访谈）

共计访谈客户20个，其中有效样本17个，访谈专家3位。

表1-10 被访客户区域分布

| 被访客户区域 | 被访客户数量 |
|---|---|
| 梅林 | 1 |
| 景田 | 2 |
| 中心区 | 2 |
| 福田南区 | 4 |
| 周边 | 5 |
| 外区域 | 3 |

改善动机已经超越生命周期本身驱动,追求居住本身的舒适性。

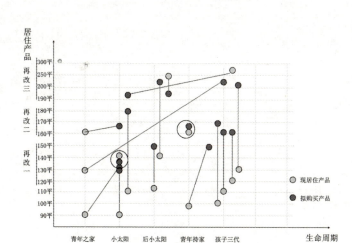

图 1-20 客户的改善动机

表 1-11 不同类型典型客户分析

| | 再改 2- 三房潜在客户 | 再改 2- 四房潜在客户 | 再改 3- 五房潜在客户 |
|---|---|---|---|
| 客户基本特征 | 多在 30~35 岁之间,一般是三口之家,两年内打算要小孩或者有小婴儿,处在事业上升期 | 事业达到一定高度,处于稳定期,虽然还很忙碌,但已经可以支配自己的生活,有较强的投资理念 | 时间自主性强,不需要为工作太忙碌,一周两次的外出购物,周末会去万象城、益田假日等地购物吃饭 |
| 现有居住条件 | 居住于非市区或者市区内 100~110 ㎡左右的户型,较为紧凑,对环境配套等有不满意的地方 | 居住于市区 130 ㎡左右的三房或较为紧凑的四房 | 现有居住条件已经十分宽松,市区 180 ㎡以上的户型 |
| 换房的目的 | 配套改善,增加居住面积 | 居住得更为舒适,环境更好,配套改善 | 复式变为更大的平层,更好的环境,更好的配套 |
| 对户型的要求 | 在满足空间功能性的基础上追求舒适性 | 对公共空间要求很高,每个空间都有高要求,不牺牲任何空间 | 各个功能空间都强调大和舒适,对情趣空间要求高 |

## 4. 客户对项目的态度

(1) 区域价值

安托山区域客户认知低,但经过努力可与农科持平,在区域价值上要利用香蜜湖来提高认知度。

(2) 周边配套

教育是客户最看重的配套资源,项目要争取到侨香小学的学位并提高教学质量。可利用周边商业、社区商业,满足基本功能需求即可。嘉信茂是现有卖点,儿童公园、安托山公园、体育公园有待打造成卖点,对高空的山海资源兴趣度较高。

## （3）不利因素

电厂、噪音、高压线位列客户访谈排斥的前三位。

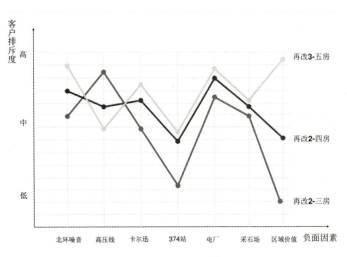

图 1-21 客户对不利因素的排斥度

## （4）客户的产品需求

表 1-12 客户整体需求描述

| | 再改 2- 三房 | 再改 2- 四房 | 再改 3- 五房 |
|---|---|---|---|
| 小区整体需求 | 配套齐全，方便活动 | 安静舒适的环境 | 安静舒适的环境 |
| 户型和面积 | 140~160 ㎡三房单套间即可 | 160~180 ㎡三房或四房，双套房，带工人房（可改造） | 200 ㎡以上的大平层，四人房双套间：主人房、小孩房、老人房、书房，主人房和老人房为套间，另有单独的工人房 |
| 房屋使用人数 | 三个，父母临时住 | 三个，父母临时住 | 三代同堂 |
| 整体空间描述 | 朝向大于景观，南北通透 | 朝向大于景观，一定要南北通透 主人房和客房最好能相互独立 | 朝向大于景观，一定要南北通透，保证私密性 景观分配给客厅 隔断灵活 主人房和客房分开，方便生活习性不一样的老人居住 |
| 各空间排序 | 客厅、入户花园、餐厅、观景阳台，公共空间最重要 | 客厅、餐厅、景观阳台、厨房，公共空间最大化 | 客厅＞餐厅＞主卧＞老人房、儿童房＞书房，公共空间最大化，主卧要舒适，还需老人套房 |

客户对周边配套及绿化需求有趋同性，户型需求差异较大。

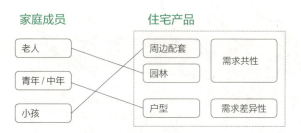

图1-22 客户对周边配套的需求

户型内部的客厅、餐厅、厨房、阳台等公共空间需求存在趋同性,书房、次卧、储藏室等辅助空间需求差异性较大。

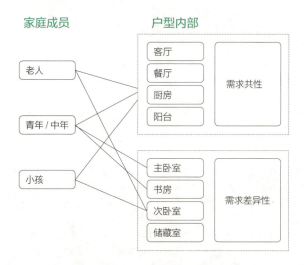

图1-23 客户对户型内部空间的需求

三类客户在区位、配套、绿化、入口等公共空间需求存在共性,户型方面在朝向、客厅、景观阳台、餐厅等公共地方需求共性,而具体到内部细节和舒适性上则存在差异。

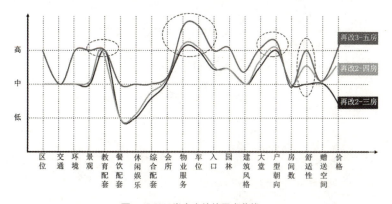

图1-24 三类客户价值需求曲线

户型内的公共空间最大化,在朝向和景观不可兼得的情况下,朝向大于景观。

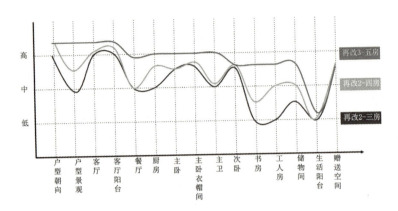

图 1-25 三类客户户型需求曲线

## 5. 产品突破方向

安托山项目突破方向:入口、绿化、大堂、户型。

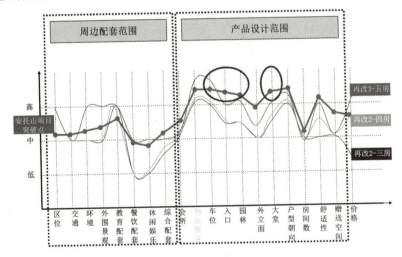

图 1-26 项目突破方向

## 6. 规划

**（1）资源利用：用地资源划分，决定资源分配方式**

保证朝向的前提下突出景观；

南北地块用上盖连接，扩大花园面积，强调南北地块的小区整体感；

利用南北地块高差，打造层次丰富的景观园林。利用高差营造叠式水景；

北侧地块东南侧部分注意处理与东侧运动公园的关系，住户享受东侧运动公园、西侧园景双重景观；

北侧地块依建筑形体变化，最大化利用北侧山景；

南侧用地最大化利用海景资源，提高海景房比例。

**（2）北环噪音**

学习城市山谷处理方式，可将 5 类用地变为 2 类用地。

**（3）南北地块**

运用连廊连接南北地块，扩大花园面积，可参考中信红树湾和尚都。

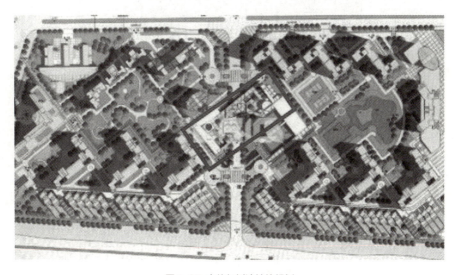

图 1-27  中信红树湾地块规划

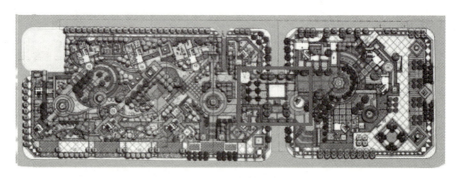

图1-28 尚都地块规划

（4）高差利用

利用高差形成阳光地下室，提高地库采光通风，并可减少挖土量，节约成本，参考南京光明城市、深圳金地梅陇镇。

图1-29 南京光明城市花园地平线

（5）入口

利用树阵形成序列感强的入口空间，让回家充满仪式感，与外围空间形成分隔。

（6）绿化

放松、幽静、与工作环境尽可能区隔的生活氛围，注重空间的整体性。利用基地逐渐升高的特点，丰富竖向景观。强调绿化内部景观的参与性，儿童游乐场所是重点，需注意其对住宅的噪音干扰。利用架空层扩大园林空间，丰富园林功能性设施。

（7）大堂

豪华装修。豪华并不等于大，在空间不浪费的基础上实现功能性。

(8) 外立面

竖向的整体感强，线条简洁大气，利用石材形成高品质感节点，经久耐看；运用同一符号，强化住宅独特价值，类似"logo"的作用。

(9) 户型

表1-13 项目户型规划

|  | 再改2-150（165 ㎡）三房 | 再改2-175（190 ㎡）四房 | 再改3-205（230 ㎡）五房 | 再改3-205（230 ㎡）五房 |
|---|---|---|---|---|
| 朝向 | 客厅、主卧在内的3个房间向南 | 客厅、主卧、书房向南 | 客厅、主卧、次卧向南 | 客厅、主卧、中庭向南 |
| 客厅 | 客厅开阔、简单，有大阳台或者大露台，可拓展为大横厅 | 客厅大，宽敞，有大阳台或者大露台 | 大，宽敞，有大阳台，和餐厅结合在一起 | 近30平方米 |
| 阳台/露台 | 客厅出去一定要有大阳台，最好是大露台 | 客厅出去一定要有大阳台，最好是大露台，宽、大，可以摆一桌麻将 | 客厅出去一定要有大阳台，最好是大露台，除了观景，还可以放狗窝、狗盆；客厅的阳台最好能不晒衣服 | —— |
| 餐厅 | —— | 和客厅连在一起 | —— | —— |
| 厨房 | 厨房不用太大，够两个人操作即可，U形厨房实用性很大 | 大厨房，放下全套厨房用具 | —— | —— |
| 主卧 | —— | 不需要很大很豪华，但要有衣帽间 | 一定要有大的步入式衣帽间，功能为主，放得下衣服，和卫生间分开来 | 一定要有大的步入式衣帽间，功能为主，放得下衣服，和卫生间分开来 |
| 次卧 | 不用套房 | 类似于套房 | 老人房要带卫生间，面积稍大，有一个老人休息的空间，放两张椅子，一个茶桌，老人可在房里看电视 | 老人房要带卫生间，面积稍大，有一个老人休息的空间，放两张椅子，一个茶桌，老人可在房里看电视 |
| 小孩房 | 朝南，面积大一点，装修简单，布置简单，有书架、玩具柜、书桌 | 放床、小孩的书柜，大一点的书桌，容纳小孩的两三个同学一起学习一起玩 | 可以放床、小孩的书柜，大一点的书桌，可放下台式电脑，容纳小孩的两三个同学一起学习一起玩 | 可以放床、小孩的书柜，大一点的书桌，可放下台式电脑，容纳小孩的两三个同学一起学习一起玩 |
| 书房 | —— | 独立的书房，自己上网读书，给孩子玩电脑，娱乐 | 有单独的书房，可以开放式的，和客厅、餐厅结合在一起，收藏有很多的书，代表主人的一种品位 | —— |
| 洗手间 | —— | 卫生间不需要看风景，但要采光好 | 洗手间要有大窗户，不一定要有景观，但要采光好 | 洗手间要有大窗户，不一定要有景观，但要采光好 |
| 工人房 | —— | 单独的工人房不需要，但有个可以改造成工人房的空间 | 有单独的工人房，但不能太紧凑不采光，类似储物间 | —— |
| 储藏室 | —— | 有可储物的空间，或者单独的储物间，或者很大的收纳柜 | —— | —— |

## 第二节 如何在细分市场中找到目标客户

市场定位简单地说就是找到项目在市场中的生存位置。这个位置怎么找？核心问题之一是先找到项目的可能客户。

市场细分是非常有效的市场定位策略，运用市场细分会极大地提高市场策略形成的效率。

### 一、市场细分的指标

市场细分是指根据消费者对产品不同的欲望与需求，不同的购买行为与购买习惯，把整体市场分割成不同的或相同的小市场群。

市场细分的核心是承认市场的差异化，因此是市场导向的营销、产品观念的基础。客户细分在房地产步入买方市场后显得更加重要，有效地进行客户细分在项目策划中应作为头等大事对待。

市场细分的指标众多，往往根据不同需求选择不同细分指标。细分可以选择单一的地理或人口统计指标进行简单细分，也可以综合多个指标来进行动态、深入的细分。

表1-14 常用的细分指标

| 指标 | 细分内容 |
| --- | --- |
| 地理指标 | 地区、城市规模、人口密度 |
| 人口统计指标 | 年龄、性别、婚姻、受教育程度、职业、收入等 |
| 心理指标 | 消费者动机、认知、购买参与度、态度 |
| 社会/文化指标 | 文化、宗教、社会阶级、家庭生命周期等 |
| 消费者使用经验指标 | 使用频率、认知程度、品牌忠诚程度等 |

## 二、各市场细分客户要具有高度可识别性

成功的市场细分中，各细分市场可清楚识别，相互之间具有足够大的差异性。从企业实际操作的角度来说，细分市场是可以进入的，并且在容量和规模上能够使企业达到盈利。

图1-30 市场细分的四大特性

### 1. 可识别性

可识别性指细分的市场是可以识别和衡量的，亦即细分出来的市场不仅范围明确，而且对其容量大小也能大致做出判断。有些细分变量，如具有"依赖心理"的青年人，在实际中很难测量，以此为依据细分市场就不一定有意义。

### 2. 差异性

差异性指各细分市场的消费者在需求、偏好、消费行为及态度上存在着明显的差异性。如果不同细分市场顾客对产品需求差异不大，行为上的同质性远大于其异质性，这就不是成功的市场细分。对于细分出来的市场，企业应当分别制定出独立的营销方案。如果无法制定出这样的方案，或对其中某几个细分市场采用不同的营销方案不会有大的差异性反应，也不是成功的市场细分。

### 3. 可进入性

可进入性指细分出来的市场应是企业营销活动能够到达的，亦即是企业通过努力能够使产品进入并对顾客施加影响的市场。一方面，有关产品的信息能够通过一定媒体顺利传递给该市

场的大多数消费者；另一方面，企业在一定时期内有可能将产品通过一定的分销渠道运送到该市场。否则，该细分市场的价值就不大。

### 4. 有效性

有效性即细分出来的市场，其容量或规模要大到足以使企业获利。进行市场细分时，企业必须考虑细分市场上顾客的数量，以及他们的购买能力和购买产品的频率。如果细分市场的规模过小，市场容量太小，细分工作烦琐，成本耗费大，获利小，就不值得去细分。

# 第二章
## Chapter Two

# 客户定位——深度挖掘客户资源

　　客户定位是客户关系管理的一个重要方面。对咨询顾问来说,客户定位包括确认和审查:谁是"真正"的客户、客户地位、客户开放程度、相关客户研究问题的意愿,以及客户雇请咨询顾问的经历等。

　　当前地产行业竞争企业众多,消费者选择的余地越来越大,各家房地产公司都使出浑身解数,千方百计推销自己的产品。企业竞争侧重于对客户资源的争夺,面对新的形势,房地产商必须紧紧围绕客户需求,把握客户特点进行对口开发。

## 第一节 新时期房地产开发如何做客户定位

开发前期就做客户定位是房地产市场发展成熟的标志之一。新时期的房地产行业由卖方市场转向买方市场，房地产开发由产品导向转向客户导向，迫使地产企业不得不更加重视客户需求。在做客户定位之前，必须掌握科学的客户分析手法，研究客户的真实需求，并以此确定项目的目标客户。

 客户定位重在能锁定客户

客户定位是市场发展的必然结果，房地产市场越成熟，市场竞争越激烈，如何争夺客户是企业占领市场份额的关键。企业核心竞争力在于提供差异化的产品与服务，这种差异化来源于对客户需求的准确把握。为自身的产品与服务做客户定位即是精准锁定客户，提高市场占有率的有效渠道。

### 1. 不同地产市场阶段客户手段不同

一般来说，每个地区的房地产行业发展都会经历三个阶段：产品导向阶段、市场导向阶段和客户导向阶段。

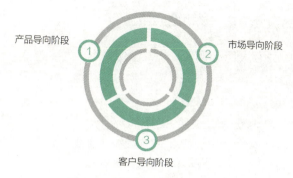

图 2-1 房地产行业发展的 3 个阶段

（1）产品导向阶段靠初级营销

这个阶段的市场属于起步阶段，属于卖方市场，供小于求，不用考虑消费者需求，产品上市就会形成抢购，通过初级的营销手段就可实现销售。

（2）市场导向阶段考虑消费者需求

这个阶段的市场处于高速发展期，出现市场竞争，开发商开始考虑消费者需求，提供对应产品以满足不同需求的客户，采取营销推广同产品相符合的形式。

（3）客户导向阶段营销重在差异化

这个阶段的市场已经趋于成熟，进入买方市场，竞争变得激烈，企业通过差异化保持各自的竞争力，依赖客户细分体系，锁定目标细分客户，营销方式是针对目标客户的需求提供差异化的产品和营销推广手段，满足目标客户需求。

## 2. 市场已经进入客户导向阶段

我国房地产市场发展已有三十余年历史。如今地产企业日益增多，房地产行业竞争日益激烈，房地产市场已经由最初的卖方市场向买方市场转变。我国房地产市场走过了产品导向阶段，也走过了市场导向阶段，逐步向客户导向阶段过渡。

图 2-2 房地产市场的两个重要转变

### 3. 消费需求的演变决定营销思路的转变

用马斯洛的五大需求层次理论，可以对房地产的价值体系做一个分析。

马斯洛的五大需求：

① 生理性需求，房子满足居住的功能；

② 安全性需求，需要独立空间，需要生活保障；

③ 社交需求，体现对家庭温暖与群体认同的需求，不仅要照顾老人，孩子也要成长；

④ 尊重需求，体现主人的品位，同时也是社会地位的标志；

⑤ 自我实现需求，突出自我实现与高峰体验的追求。

图 2-3 房产消费需求层次

按照马斯洛的需求层次原理，人类价值体系存在两类不同的需要：

① 一类是沿生物谱系上升方向逐渐变弱的本能或冲动，称为低级需要和生理需要。在以上五个需求层次中，消费者对房地产的生理需要和安全需要属于低级需要；

② 另一类是随生物进化而逐渐显现的潜能或需要，称为高级需要。以上的社交需要、尊重需要、自我实现需要属于高级需要。

房地产市场的成熟，一定程度上影响了消费者消费需求的转变。房地产市场消费动机多元化，消费者由生理需求开始转向精神需求，更多消费者也由居住需求转向投资需求。

### 4. 地产营销策略的红蓝转变

房地产市场发展初期，各企业间的差异并不明显时，企业可以采取红海战略或者蓝海战略。

（1）红海及蓝海战略

适当降低价格减少利润，能有效地吸引消费者，也即是红海战略。红海战略的优势在成熟的房地产市场并不明显，长期采取红海战略对企业自身也有损害。

蓝海战略是开创无人争抢的市场空间，超越竞争的思想范围，开创新的市场需求，开创新的市场空间，经由价值创新来获得新的空间。新的地产开发时期，地产企业多半会用蓝海战略取代红海战略。

与之相对应，市场营销方向也从大众营销向分众营销转变。

图 2-4 营销策略的分众化示意

（2）分众营销的实质

就是通过周密的市场调研，锁定一个特定目标消费群，然后推出这一特定群体最需要的细分产品，以适应这一特定群体的特定价格，通过特定渠道，用特定的传播、促销方式进行产品营销的精确营销手段。

用最精确、最经济的方式把产品卖给目标客户

分众营销是用最精确、最经济的方式把产品卖给最需要的目标客户，最大限度降低营销成本，减少渠道费用浪费，将营销的效力发挥到极致。分众营销的精髓在于精确锁定客户，不试图占领所有的目标消费群体，也不试图用广泛撒网的传播和促销方式让所有人知道。

强调客户定位、目标客户定位、策略导向

分众营销与传统营销相比，在从价格论证到制定营销策略的过程中，多了潜在客户定位、目标客户定位、策略导向三个环节，这也是以客户为导向的体现。

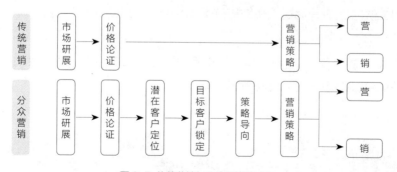

图 2-5 传统营销与分众营销的对比

## 做好客户定位必须先做好客户研究

做好房地产项目的客户定位,必须先做好客户研究,即清楚项目面对的是哪些客户,这些客户究竟在哪里。客户研究是客户定位的前提,只有对客户的特征和偏好有清晰的了解,才能更好地找到目标客户,为项目营销锁定精准客户群。

### 1. 客户研究用来干什么

房地产调研和研究实践有两个目的:指导产品设计,使效益最大化。客户研究的作用就是结合对客户的初步判断,从市场中寻找价值点,同时也是客户的关注点,通过客户访谈等方式进行验证,最终形成项目潜在客户敏感点,即客户对产品的关注点。

表 2-1 客户关注项目的 4 个关键因素

| 关键因素 | 对客户的影响 |
| --- | --- |
| 地缘关系 | 客户与土地的关系千差万别,比如:<br>1. 生活在项目附近<br>2. 工作在项目附近<br>3. 出行动线经常经过项目<br>4. 有亲密的亲戚居住于项目附近 |
| 推广包装策略 | 推广包装起到的是吸引眼球与阐释产品理念和生活理念的作用 |
| 产品形态策略 | 不同的产品形态总是吸引着不同的需求 |
| 价格策略 | 价格挤压对不同人群的影响也有着决定性的影响 |

客户的敏感点有两个——感兴趣和愿意购买。其中有两个重要概念:判别因子和开心因子。

判别因子

是判定客户类型的一个标志,如果满足客户需求要素,会决定其购买行为。

开心因子

能影响产品竞争力,在市场战略时期难以带来提升,不能决定客户购买心理。企业要做的就是寻找项目的判别因子,开心因子则是附加值。

图 2-6 客户研究的目的

## 链接

### 决定客户购买的 5 个动机

表 2-2 决定客户购买的 5 个动机

| 动机 | 产品效用 | 购买的理由 |
|---|---|---|
| 价值 | 价值效用 | 消费者之所以喜欢你们的产品，是因为他相信你给他们带来的价值比同类竞争产品大 |
| 规范 | 价值效用（投资效用） | 消费者之所以喜欢你们的产品，是为了避免或消除一种与其规范和价值相左的内心冲突 |
| 习惯 | 习惯效用 | 消费者之所以喜欢你们的产品，是因为他无意识地形成了这样的消费习惯 |
| 身份 | 身份效用 | 消费者之所以喜欢你们的产品，是因为产品帮助他们在自己和他人面前显露理想中的身份 |
| 情感 | 品牌效用 | 消费者之所以喜欢你们的产品，是因为他们喜爱这个品牌 |

### 2. 客户研究要解决 4 个问题

客户研究要解决"4W"问题：WHO，即客户类型研究；WHAT，即客户特征研究；WHY，即客户购房偏好研究；HOW，即客户定位与开发研究。

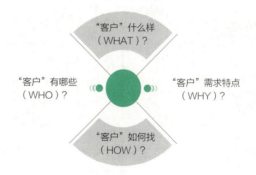

图 2-7 客户研究内容

（1）客户类型研究

客户类型研究，即按照一定的标准，将不同的客户划分归类。购买力与购房者的年龄是衡量客户类型的两个重要指标。按照此标准，可划分出购买力客户与家庭结构客户。

（2）客户特征研究

客户特征研究，主要包括客户的区域来源、客户消费力、客户身份形象、客户置业目的、家庭特点等。

表 2-3 客户特征研究

| 基本特征 | 研究内容 |
|---|---|
| 客户区域来源 | 最直观的表达是客户地图，同时兼顾项目不同物业类型针对目标客户的不同来源 |
| 客户消费力 | 客户资金实力、收入情况、总价承受范围等有关财务指标的定位 |
| 客户身份形象 | 主要根据客户置业特点，在营销推广中对客户形象的表述使目标客户群具有身份认同感或感召力 |
| 客户置业目的、家庭特点等 | 依据客户的购买力、购房目的、家庭结构等特征判断 |

## 链接

### ⬇ 客户区域分布参考（上海）

表 2-4 客户区域分布参考（上海）

| 需求区域 | 居住区域 | | 工作区域 | | 需求区域 | 居住区域 | | 工作区域 | |
|---|---|---|---|---|---|---|---|---|---|
| | 主力区域 | 次要区域 | 主力区域 | 次要区域 | | 主力区域 | 次要区域 | 主力区域 | 次要区域 |
| 卢湾 | 卢湾 | 徐汇<br>闸北 | 卢湾<br>黄浦 | 静安<br>徐汇 | 长宁 | 长宁<br>徐汇 | 外埠<br>徐汇 | 长宁<br>徐汇 | 外埠<br>黄浦 |
| 虹口 | 虹口 | 杨浦<br>闸北 | 虹口 | 杨浦<br>闸北 | 普陀 | 普陀 | 闸北<br>长宁 | 普陀 | 静安<br>徐汇 |
| 黄浦 | 虹口<br>闸北<br>黄浦 | 杨浦<br>闸北<br>浦东 | 黄浦 | 闸北<br>虹口<br>静安<br>浦东 | 闸北 | 闸北 | 闸北 | 虹口 | 闸北 | 虹口 |
| 静安 | 静安 | 普陀<br>闸北<br>虹口<br>长宁 | 静安 | 黄浦<br>长宁<br>虹口 | 闵行 | 闵行 | 徐汇<br>长宁 | 闵行 | 徐汇<br>长宁 |
| 浦东 | 浦东 | 杨浦<br>虹口 | 浦东 | 黄浦<br>静安 | 宝山 | 宝山 | 杨浦<br>虹口<br>浦东 | 宝山 | 徐汇<br>闸北<br>虹口 |
| 杨浦 | 杨浦<br>虹口 | 浦东<br>宝山<br>闸北 | 杨浦<br>虹口 | 浦东<br>黄浦 | 松江 | 松江 | 徐汇<br>外埠 | 松江 | 徐汇<br>外埠 |

（3）**客户购房偏好研究**

客户的购房偏好可以划分为两类：

① 对产品功能的偏好，包括户型、面积、周边环境、交通、生活配套等；

② 对产品情感的偏好，主要指购房是出于精神需要、商务需要还是投资需要等。

下文会详细介绍这两种偏好。

图 2-8 客户购房偏好

（4）客户定位与开发研究

价格是房地产客户定位最敏感的因素。房地产客户定位的最开始的做法是根据物业的价格与物业面积，计算出物业的总价。再根据物业总价确定适合哪个购买力水平的家庭，从而精确锁定潜在客户的类型，并对该客户群体的年龄及家庭结构、收入水平、职业背景、置业动机等特征进行描述，进而通过这些共同特征开发新客户。

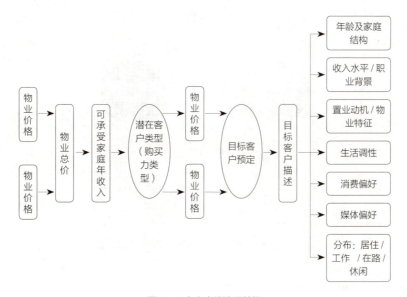

图 2-9 客户定位流程结构

## 三 客户细分是房地产精准营销的必然结果

客户细分是地产精准营销策略的前提。简单来说，客户细分的作用就是由大众营销向精准营销转换的过程，对降低营销成本、避免重复建设、提高开发有效性等方面都有非常大的帮助。总结出来就三个词：精准性，低成本，有效性。

## 1. 只有精细化管理的企业才能做客户细分

从企业发展阶段上看，房地产企业大致分三类：粗放型企业、精细化企业以及处于两者之间过渡的企业。三类企业的管理成熟度不同，企业关注点不同，采用的发展策略不同，服务的客户群也不同。

粗放型企业

这类企业处于快速扩张阶段，加快发展和拓展市场份额是最主要的战略，在这个阶段企业关注的是规模、效益和资金。随着企业的不断发展，粗放型企业的发展方向一定会朝着精细化、品牌化方向发展前进的。

精细化企业

这类企业处于成熟企业阶段，企业规模、经营效益、行业地位都处于行业领先水平或者专注于某一类型产品，这个时期企业的关注点是品牌、客户和效益。

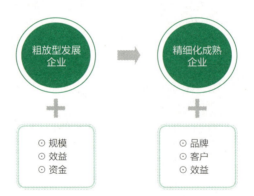

图 2-10 粗放型发展企业与精细化成熟企业的战略区别

## 2. 企业产品形式靠客户细分决定

从市场供给的角度看，企业要提供产品有三类作法：

① 针对不同客户分别提供不同产品。比如最简单的，北方讲究朝向，南北朝向和东西朝向差距特别大，南方不太在乎，因为纬度低，太阳夹角比较小，朝向没有太大区别，国外也不太讲究朝向。

② 只提供单一产品，满足一类客户而舍弃其他客户。

③ 组合多元化产品，满足更多需求。

一个项目的盈利很难用单一产品实现，除非像万科那样规模化和标准化做得非常领先的企业。比如，万科现在有三种户型提供，这样的产品形态一是因为有底气，二是它通过非常充分的客户研究后找到的三种户型，市场覆盖面很大，也减小了建筑设计压力。但一般企业都做不到万科的程度，所以企业的产品组合非常重要。

## 四 可按客户圈层与购买力程度细分客户

### （1）用圈层归类客户

客户分几个圈层：核心客户群、重点客户群、游离客户群和偶得客户群。任何一个项目的开发都需要抓住核心客户，关注重点客户，同时吸引一些游离客户和偶得客户。

图 2-11　客户类型的 4 个圈层

### （2）按购买力归类客户

房地产不同于其他普通的产品，购买与否、购买怎样的产品取决于客户的购买力。购买力是细分客户的一个重要指标。

按照购买力划分客户

按照购买力不同，客户可划分为富豪型、富贵型、富裕型、中产型、经济型5个不同的客户群体。

表 2-5 按购买力划分的 5 个不同客户类型

| 家庭年收入水平 | 客户类型 |
|---|---|
| 300 万元以上 | 富豪型 |
| 100 万元以上 | 富贵型 |
| 30 万元以上 | 富裕型 |
| 10 万~30 万元 | 中产型 |
| 10 万元以下 | 经济型 |

**按照年龄段划分客户**

不同年龄阶段的客户，购房的需求各不相同。主要原因在于家庭结构的差异以及购买目的的差异。按照不同的客户年龄，可分为健康养老、品质家庭、都市新锐、新新人类四种不同的家庭类型。其中，健康养老和都市新锐各自又可划分出三种不同的家庭结构。总的来说，按照不同的年龄阶段，可以划分为八种不同的家庭结构。

表 2-6 按年龄划分的 8 种家庭结构

| 年龄 | 家庭类型 | 家庭结构 |
|---|---|---|
| 51~60 岁以上 | 健康养老 | 二老空巢 |
| | | 三代同堂 |
| | | 儿女立家 |
| 41~50 岁 | 品质家庭 | 中大学三口之家 |
| 26~40 岁 | 都市新锐 | 幼小三口之家 |
| | | 已婚丁克家庭 |
| | | 新婚族 |
| 22~25 岁 | 新新人类 | 单身贵族 |

在这些类别的客户中，根据客户的不同特征，区分出哪些客户是项目希望面对的，哪些是项目不希望面对的，在这些客户中，哪些最有可能实现购买行为，哪些不太可能实现购买行为。

## 五 客户细分要做客户特征描述与购房偏好研究

描述客户的特征，一般按照购买力的差异将客户划分成不同的类型，同时又根据购房客户所处的年龄阶段以及购房的目的，将购房客户群体划分成不同的家庭结构。依据购买力与年龄、家庭结构划分客户，逐个分析客户的特征以及购房偏好，是细分客户的要求，也是客户定位必须采用的方法。

## 1. 4种归类法的客户特征描述

（1）偏好产品功能的客户特征描述

客户对产品功能的偏好主要体现在户型与面积的差异、相同户型相同面积的产品差异。不同的产品功能偏好在不同的家庭结构中表现更加明显。人口越多，对户型结构与户型面积的要求越高。

表 2-7 产品功能偏好描述

| 产品形态 | | 产品特色 | 偏好类型 | 主力客户形态 | | |
|---|---|---|---|---|---|---|
| 户型 | 面积（㎡） | | | 客户类型 | 家庭特点 | 家庭结构 |
| 1/1/1 | 65 左右 | 交通便捷<br>基本生活便利 | 工作型 | 23~30 岁<br>新新人类族<br>都市新锐族 | 单身白领 | 单身 |
| | | 小区休闲和运动配套齐全<br>周边环境和地段很好<br>建筑和小区有品位<br>升值潜力大 | 运动型<br>休闲型<br>工作型 | 31~45 岁<br>都市新锐族 | 单身贵族 | |
| | | 基本生活便利<br>医疗配套有<br>健身绿地有<br>周边有适合三口之家的楼盘 | 健康型<br>生活型 | 55 岁以上<br>健康养老族 | 二老空巢 | 二人世界 |
| 2/2/1 | 85~105 | 小区休闲和运动配套齐全<br>周边环境和地段很好<br>建筑和小区有品位 | 运动型<br>休闲型<br>工作型 | 31~45 岁<br>都市新锐族 | 单身贵族 | 单身 |
| | | 交通便捷<br>基本生活便利<br>周边环境好 | 工作型<br>生活型 | 26~35 岁<br>都市新锐族 | 已婚丁克 | 二人世界 |
| | | 基本生活便利<br>医疗配套有<br>健身绿地有<br>周边有适合三口之家的楼盘 | 健康型<br>生活型 | 55 岁以上<br>健康养老族 | 二老空巢 | |
| | | 幼儿园、小学较近<br>交通便捷<br>基本生活便利<br>周边环境较好 | 教育型<br>生活型<br>工作型 | 26~40 岁<br>都市新锐族 | 幼小三口之家 | 三口之家 |
| | | 周边环境较好、生活非常便利<br>小区规划齐全、物业管理较好 | 生活型<br>养老型 | 41~50 岁<br>品质家庭族 | 中学大学三口之家 | |
| 2/2/2 | 105~140 | 交通便捷<br>基本生活便利<br>周边环境很好<br>小区配套齐全 | 工作型<br>生活型<br>休闲型<br>运动型 | 26~35 岁<br>都市新锐族 | 已婚丁克家庭 | 二人世界 |
| | | 幼儿园、小学较近<br>交通便利<br>基本生活便利<br>周边环境较好 | 教育型<br>生活型<br>工作型 | 26~40 岁<br>都市新锐族 | 幼小三口之家 | 三口之家 |
| | | 周边环境较好、生活非常便利<br>小区规划齐全、物业管理较好 | 生活型<br>养老型 | 41~50 岁<br>品质家庭族 | 中学以上三口之家 | |

续表

| 产品形态 | | 产品特色 | 偏好类型 | 主力客户形态 | | |
|---|---|---|---|---|---|---|
| 户型 | 面积（㎡） | | | 客户类型 | 家庭特点 | 家庭结构 |
| 3/2/2 | 130~150 | 交通便利<br>基本生活便利<br>周边环境较好<br>配套齐全 | 工作型<br>生活型 | 26~35岁<br>都市新锐族 | 已婚丁克 | 二人世界 |
| | | 幼儿园、小学较近<br>交通便捷<br>基本生活便利<br>周边环境较好 | 教育型<br>工作型<br>生活型 | 26~40岁<br>都市新锐族 | 幼小三口之家 | 三口之家 |
| | | 周边环境较好<br>生活非常便利<br>小区规划齐全<br>物业管理较好 | 生活型<br>养老型<br>工作型 | 41~50岁<br>品质家庭族 | 中学以上三口之家 | |
| | | 幼儿园、小学较近<br>交通便捷<br>基本生活便利<br>健康服务齐全<br>健身绿地方便 | 教育型<br>生活型<br>赡养型<br>工作型 | 35~55岁<br>都市新锐族<br>品质家庭族 | 老人<br>年轻夫妻<br>幼小孩子 | 三代同堂 |
| 4/2/2<br>组合居 | 160~200 | 幼儿园、小学较近<br>交通便捷<br>基本生活便利<br>健康服务齐全<br>健身绿地方便 | 教育型<br>生活型<br>赡养型<br>工作型 | 35~55岁<br>都市新锐族<br>品质家庭族 | 老人<br>年轻夫妻<br>幼小孩子 | 三代同堂 |

（2）偏好产品情感的客户特征描述

房地产产品的情感偏好可分为精神型、拥有型、商务型、文化型、奢华型、投资型6种不同的类型。产品情感偏好的差异主要表现在购买力较高的客户之间，与客户的个人主观情感关系有较大联系。

表2-8 产品情感偏好描述

| 偏好类型 | 购房动机 | 产品特点 | | | |
|---|---|---|---|---|---|
| 精神型 | 个性张扬<br>精神享受 | 自然环境与人的和谐；天人合一 | 历史文化氛围，人文底蕴 | 周边环境景观和建筑设计景观带来的"高峰体验" | 艺术家、设计师赋予产品独特精神烙印 |
| 拥有型 | 对稀缺资源的占有社会地位的标志 | 稀缺珍贵地段 | 被社会认同的自然景观资源 | 被社会认同的文化和社会资源 | 被社会认同的文化和社会资源 |
| 商务型 | 独享私人商务会所 | 足够的室内商务活动空间 | 有特点的商务会所型的室内装饰和配置 | 靠近自己的商务活动区 | 车位充足，物业管理规范 |
| | 高级商务和休闲活动场所 | 小区或周边有高档、齐全的商务和娱乐设施，如高尔夫、游艇、运动等高级俱乐部和休闲户所 | 周边环境优美、幽静<br>小区业主高端 | 驾车到达交通便捷 | 车位充足，物业管理高档 |

续表

| 偏好类型 | 购房动机 | 产品特点 | | | |
|---|---|---|---|---|---|
| 文化型 | 社区文化归属 | 社区的文化同质 | 社区会所齐全，周边国际学校 | 社区规划高档，吻合文化认同 | 物业管理规范 |
| 奢华型 | "住"的奢华 | 居住的高品质要求 | 居住空间的"浪费"，室内配置的顶级品牌 | 小区会所和配套的高档和齐全 | 物业服务与管理的高品质 |
| 投资型 | 物业的长期保值和增值性 | 注重土地价值的长期增值空间 | 物业区位，区域规划 | 建筑品质，开发商品牌 | 市场需求潜力很大 |

（3）按照购买力归类的客户特征描述

按购买力划分的客户类型，能确定客户购房可承受的价格范围。同一购买力客户类型，其生活偏好存在一定程度上的共同点。对不同购买力客户的特征描述，一方面能更好地确定客户需求，从而为后期的产品定位提供可靠的信息；另一方面也可以从项目已有的产品类型中，精确锁定目标客户。

表 2-9 富豪型

| 家庭年收入水平 | 300 万元以上 |
|---|---|
| 职业背景 | 欧美企业 CEO、大型上市公司董事长、非欧美企业、民营企业董事、社会名人、政府机关高级官员、外资金融机构董事等 |
| 购房支付特点 | 倾向一次性付款 |
| 置业偏好 | 精神型、拥有型、奢华型、商务型、投资型 |
| 生活调性 | 成功自信、冒险感性、领袖理性、非凡、奢华 |
| 生活偏好 | 善于交际，通过社会上层的高级会所、高尔夫俱乐部、名人社交聚会进行广泛地社会交往。喜欢奢侈品、房产、股票等的购买和收藏。喜欢豪华消费。拥有名车，喜欢欧美旅游 |

表 2-10 富贵型

| 家庭年收入水平 | 100 万~300 万元 |
|---|---|
| 职业背景 | 欧美企业高管、上市公司董事、非欧美企业、民营企业总经理、董事，顶级专业人士、政府高级干部，金融企业高管等 |
| 购房支付特点 | 一次性付清为主，或短期低额贷款 |
| 置业偏好 | 精神型、拥有型、奢华型、商务型、投资型 |
| 生活调性 | 成功、精英、张扬、进取、品位 |
| 生活偏好 | 善于交际，喜欢出入高级的娱乐场所和会所、社交聚会活动。生活追求高雅、新潮和高品质。喜欢各类投资。拥有名车，经常出国旅游 |

表 2-11 富裕型

| 家庭年收入水平 | 30 万~100 万元 |
|---|---|
| 职业背景 | 外资企业中层、国内上市公司高管、民营企业总经理、外资咨询类企业高级咨询顾问、高科技行业高级技术人员，大型制造类行业的高级工程师、医疗卫生机构的高级医师和管理人才、政府高级干部，金融机构经理等 |

续表

| 购房支付特点 | 低总价的物业一次性付款，高总价的物业考虑分期付款 |
|---|---|
| 置业偏好 | 拥有型、奢华型、运动型、休闲型、赡养型 |
| 生活调性 | 进取、炫耀、享受、个性、时髦 |
| 生活偏好 | 追逐社会高尚生活的表现形式，愿意花时间和金钱进行休闲娱乐消费和健身。拥有中高档私车，喜欢选择中国周边国家或地区旅游 |

表 2-12 中产型

| 家庭年收入水平 | 10 万 ~30 万元 |
|---|---|
| 职业背景 | 欧美企业部门主管、非欧美企业经理、上市公司经理、民营企业高管、私营企业主、咨询类企业高级咨询顾问、高科技行业高级技术人员、制造类行业的中级工程师、政府和事业单位中层干部、医疗卫生机构的中级医师和管理人才、成功的自由职业者、高校副教授和教授、中学高级教师等 |
| 购房支付特点 | 首付能力不是很强。但月还款能力高、工作前景预期好。贷款年限可以较长。国有事业单位和欧美企业大多有房帖 |
| 置业偏好 | 生活型、工作型、教育型、赡养型、休闲型、运动型、健康型 |
| 生活调性 | 事业、积极、前瞻、快捷、理性、个性、品位、家庭 |
| 生活偏好 | 善于社交。喜欢外出购物、吃饭和游玩。喜欢运动和旅行等休闲活动。休闲和娱乐比较考虑经济承受能力，计划性很强，不太进行较高的娱乐和购物消费。生活和工作节奏较快，追求快捷和便利 |

表 2-13 经济型

| 家庭年收入水平 | 10 万元以下 |
|---|---|
| 职业背景 | 各类企事业单位的普通员工或职工，下岗职工等 |
| 购房支付特点 | 月还款能力较弱，或靠原有房子出售、动拆迁等有一定的首付能力。工作前景预期不高。多采取高首付购房 |
| 置业偏好 | 生活型、工作型、教育型、赡养型、健康型 |
| 生活调性 | 生活、家庭、实惠、安全、幸福、健康 |
| 生活偏好 | 喜欢大众化的娱乐和休闲方式，以经济实惠为标准。经济忧患意识强，储蓄强于消费。不盲目追求时尚和品牌 |

经济型客户到富豪型客户对房地产产品的需求

经济型客户到富豪型客户对房地产产品的需求，基本与马斯洛需求层次理论原理相吻合。相对来说，购买力越高的客户越倾向于情感偏好，购买力越低的客户越倾向于功能偏好。

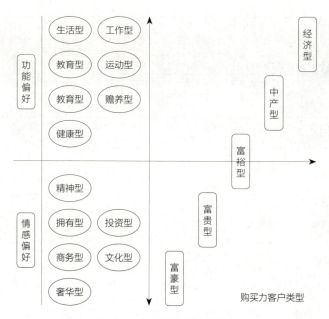

图 2-12 购买力客户对产品的偏好

**(4) 按照家庭结构归类的客户特征描述**

同一类型的家庭结构，表现出相似的特征。以下从消费特征、投资与理财特征、置业关注、知识与信息获取途径等方面，对四个不同的家庭结构进行客户特征描述。

表 2-14 新新人类族

| 家庭结构 | 年龄在 22~26 岁，刚涉足社会 |
|---|---|
| 消费特征 | 此年龄段的群体感性消费观念较强。对时尚的文化、服饰、娱乐积极追逐。是时尚潮流的倡导者 |
| 投资与理财 | 此阶段群体没有理财观念，属于"月光族"或"透支族"消费型 |
| 置业关注 | 因没有支付能力，以父母资助购买小户型过渡房屋或自己租房为主，重点考虑上班交通便利和房屋总价 |
| 知识与信息获取 | 此群体的学习力很强，容易接受新知识和理念。对时尚类的报刊、网络比较关注 |

表 2-15 都市新锐族

| 家庭结构 | 年龄在 26~40 岁，以结婚丁克小家庭和孩子读幼儿园或小学的三口之家为主体，或者与父母共同生活的两代或三代之家。非主体群体为准新婚族、单身丁克 |
|---|---|
| 消费行为特征 | 此年龄段的群体普遍受过良好的大学及以上教育，注重事业，喜欢新生事物，善于接受新的观念，喜欢交际，渴望自由和浪漫生活，追求时尚和个性，感性消费观念强于理性消费观念。此群体中的新城市人学历较高，组成的家庭处在创业立家艰辛阶段，处于事业发展的关键时期 |
| 投资与理财 | 此阶段的生活观转折点在家庭有了孩子之后，对理财、置业等观念会发生变化。理财需求增大，计划性增强，敢于风险投资 |

续表

| | |
|---|---|
| 购房关注 | 此类群体开始注重孩子的教育，对小学和中学的学校选择要求很高，甚至可以根据学校的便捷作为选房的重要依据之一。另外，此群体的父母年龄偏高，开始注重赡养父母，希望与父母同住或就近为父母置业。对住房的空间要求提高，希望增加居住空间面积。总体对小区环境、周边配套的关注度大于室内舒适度 |
| 知识与信息获取 | 此群体是最喜欢学习和接受新知识的群体，喜欢阅读的报刊书籍以适合自己专业、工作、业余爱好的为主。主要通过网络、书刊、报纸、电视等获取经济、金融、专业、时尚类信息 |
| 实证研究 | 22~30岁购买动机多为"新人婚房"，经常会出现"两代共购"现象（父母付首付，子女月供）；30~35岁购买动机多为"新都市人的首次置业和都市人的二次置业" |

表 2-16 品质家庭族

| | |
|---|---|
| 家庭结构 | 年龄在 41~50 岁，以孩子读中学、或大学三口之家为主体。非主体为丁克家庭。此类群体因子女进入考大学阶段，非常注重孩子的学习状况。此群体的事业出现两极现象，高层管理人员和企业老板事业处于顶峰期，时间和精力倾注于事业，而中层以下人士多为事业的保守期，注重工作的平稳，进取心渐减。养老和子女教育、立家压力很大 |
| 消费行为特征 | 此年龄段的群体非常注重家庭生活品质的改善，交际和业余生活范围相对缩小。理性消费强于感性消费，消费出现惯性，购物重视性价比。健康养生观念增强 |
| 投资与理财 | 此阶段理财计划性很高，对于低风险的理财大胆介入。注重子女教育积蓄和养老积蓄。对住房要求以改善提高为主。对投资理财比较重视，愿意用积蓄进行房产或其他产品的投资 |
| 购房关注 | 关注小区和周边生活配套（商业、绿化、健康、会所等），开始进入二次或三次置业期，对居住的舒适度和宽松度要求较高 |
| 知识与信息获取 | 此群体的学习力开始减弱，以丰富的阅历和经验见长。对时政类和经济类的报刊比较关注。通过报纸、电视、杂志等获取信息 |
| 实证研究显示 | 41~50岁购买动机集中在改善居住条件（"拆迁换房"、"卖旧买新"）和提升品质，给子女选房（"两代共购"）和给自己选房（"健康养老"） |

表 2-17 健康养老族

| | |
|---|---|
| 家庭结构 | 年龄在 51 岁以上，以孩子读大学或参加工作的三口之家为主体。包括孩子结婚生子的三代同堂和二老空巢族 |
| 消费特征 | 此年龄段的群体注重子女成家立业和自己的健康养老。心理惯性强，对商品忠诚度高。注重实际，追求方便实用。稳健的理性消费强于感性消费 |
| 投资与理财 | 此阶段理财计划性很高，注重子女的结婚或分住购房积蓄及养老积蓄。对投资理财比较保守 |
| 购房关注 | 关注小区设施和周边配套（商业、绿化、健康机构等），与子女相邻 |
| 知识与信息获取 | 此类群体对新知识不易接受，以阅历和经验见长。对生活类、健康类的信息比较关注。主要通过电视、报纸、电台、"小道消息"等获取信息 |

## 2. 按照家庭结构做产品偏好研究

不同家庭结构对产品的偏好主要有工作型、赡养型、教育型、健康型、生活型、运动型、休闲型七种不同的类型。家庭结构越年轻，越倾向于工作型，家庭结构越年长，越倾向于健康型与生活型。处于中间年龄阶段的家庭，则需要考虑子女上学的教育型产品，与父母一起居住的赡养型产品。

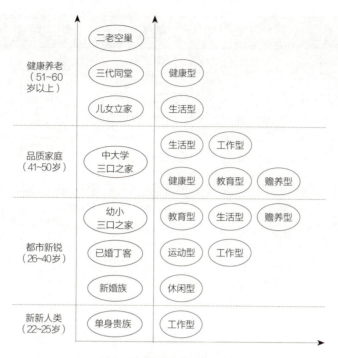

图 2-13 家庭结构产品偏好模型

## 3 快速定位客户类型

比如，可以根据客户购买力情况，制定一个客户类型的定位表格，按照房屋总价、公积金10年贷款与商业20年贷款等指标，确定客户的可承受的价格范围，能快速确定客户所属的类型。

表 2-18 购买力客户类型快速定位表

| 房屋总价（万元） | 首付30% | 公积金10年贷款月供1000 | 商业贷款 | 商贷月供(20年)（元） | 家庭可支配稳定年收入（万元） | 基本客户类型 | 延伸客户类型 |
|---|---|---|---|---|---|---|---|
| 40 | 12 | 10 | 18 | 1347 | 5.2 | 经济型 | 中产型 |
| 50 | 15 | 10 | 25 | 1871 | 7.2 | | |
| 60 | 18 | 10 | 32 | 2395 | 9.2 | | |
| 80 | 24 | 10 | 46 | 3443 | 13.2 | 中产型 | 富裕型经济型 |
| 100 | 30 | 10 | 60 | 4491 | 17.2 | | |
| 120 | 36 | 10 | 74 | 5539 | 21.2 | | |
| 150 | 45 | 10 | 95 | 7110 | 27.4 | | |

续表

| 房屋总价（万元） | 首付30% | 公积金10年贷款月供1000 | 商业贷款 | 商贷月供（20年）（元） | 家庭可支配稳定年收入（万元） | 基本客户类型 | 延伸客户类型 |
|---|---|---|---|---|---|---|---|
| 200 | 60 | 0 | 140 | 10479 | 40 | 富裕型 | 富贵型 中产型 |
| 300 | 90 | 0 | 210 | 15718 | 60 | | |
| 400 | 120 | 0 | 280 | 20958 | 80 | | |
| 500 | 150 | 0 | 350 | 26198 | 100 | 富贵型 | 富豪型 |
| 1000 | 300 | 0 | 700 | 52396 | 200 | | |
| 1500 | 450 | 0 | 1050 | 78594 | 300 | 富豪型 | — |

注：表中的贷款利率按2013年的标准算，公积金贷款利率为4.50%，商业贷款利率为6.55%

## 第二节 标杆企业及知名顾问公司客户细分办法

万科的客户定位的做法深受业内认可。万科公开发布的相关资料显示，万科的客户定位做法参考了美国四大房地产企业之一 Pulte。本节分别选取了美国知名房企 Pulte、中国龙头企业万科以及业内知名地产顾问公司，介绍其客户定位所参考的维度以及相应的客户细分与定位策略。

### 一、Pulte 公司客户细分策略

Pulte 将客户的生命周期和支付能力作为细分客户的两个重要维度，根据这两个维度，Pulte 将客户细分为 11 种不同的类型。

#### 1. Pulte 公司客户细分 3 步法

Pulte 细分客户主要通过以下 3 个步骤：

图 2-14 Pulte 客户细分的 3 个步骤

第 1 步：理解消费者群体

Pulte 认为，需求（愿望）与能力是理解消费者群体的两个有力指标。前者是随着人生命的

不同阶段而变化，住房需求对一个学生和一个成年人或者一个家庭而言是大不相同的。后者就是收入能力，人们总是希望能买他们能够负担得起的任何住房。在任何情况下，人们也不可能去买他们无能力购买的房子。

第2步：确定客户主要的生命阶段

确定客户主要的生命阶段以便更好地了解特定的购买者的需求。Pulte 将客户划分为以下 9 个不同的生命阶段：单身未婚、丁克家庭、有婴儿的夫妇、至少有一个 12 岁以下儿童的家庭、成年人家庭（最小的孩子已经超过 12 岁）、单亲家庭、大龄单身人士、常年工作流动人士、大龄夫妇。

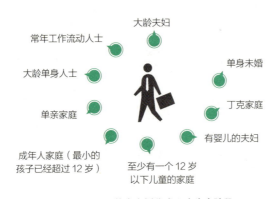

图 2-15　Pulte 将客户划分成 9 个生命阶段

第3步：针对客户群进行需求分析

① 根据客户群的不同特征，结合其具体的生活和行为、感情需要，为消费者设计不同定位的产品。

② 针对每一个市场展开综合的需求分析，发现供需之间最大的差距是什么。

③ 在同一个社区中建设面向不同客户群的住房，更大限度地发挥社区的有效空间。

④ 将客户细分过程融入精细化生产过程中，保证客户需求的满足。

**2. Pulte 客户细分的成果**

Pulte 分别以客户的生命周期和支付能力作为坐标，将客户细分成为首次置业、常年工作流动人士、单人工作丁克家庭、双人工作丁克家庭、有婴儿的夫妇、单亲家庭、成熟家庭、富足成熟家庭、空巢家庭、大龄单身贵族、活跃老年人住宅 11 类客户。

第二节 | 标杆企业及知名顾问公司客户细分办法

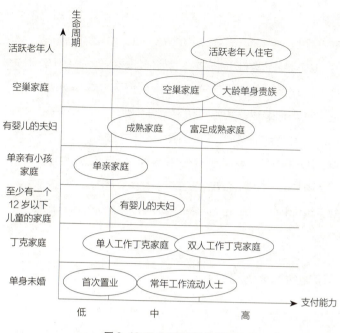

图 2-16 Pulte 客户细分成果

## 二、万科客户细分策略

万科细分客户的思想借鉴于 Pulte，但细分的维度比 Pulte 多了一个。除了生命周期和支付能力之外，万科增加了价值观作为细分客户的第三个维度。在细分客户的过程中，万科为了更好地实现战略目标，经过了一次战略调整，将原先的 5 类客户重新细分为 11 类。

### 1. 客户细分的 3 个维度

万科细分客户的 3 个维度分别是生命周期、价值观、支付能力。

图 2-17 万科客户细分的 3 个维度

57

# 第二章 客户定位——深度挖掘客户资源

为了更好地实现战略目标，万科提出了整合营销的概念，以差异化、细分化的新品推广满足现代都市人的不同生命周期的人居要求，并对客户细分的战略作出调整。万科对客户进行全生命周期的细分，主要是通过家庭生命周期、价值观、支付能力三个维度11个类别完成的，其目的是希望能够在丰富产品线的同时，服务于更多的人群。为了更好地配合产业化进程的开展，产品一定要保证具有鲜明的特质，以便于客户的清晰分类。

新的客户细分使得万科关注客户"首次购房—首次换房—二次换房—退休用房"的终身购房计划，这一终身客户模式不仅使得万科研究每类客户需求产品，也使万科大大拓展了自己的开发领域——从为中产阶级白领、私营企业主开发城乡结合部的中档住宅中解放出来，开发从城市中心区、城郊结合部到远郊的各区域各档次住宅。客户细分带来的客户群扩大，大大延伸了其产品线。

## 2. 万科战略调整前的客户细分

万科通过家庭生命周期、价值观、支付能力三个维度对客户进行全生命周期的细分，其将客户划分为对价格敏感的务实家庭，注重自我感受的职业新锐家庭，注重望子成龙的传统家庭，彰显地位的成功家庭以及关心健康的幸福晚年家庭5种类型。

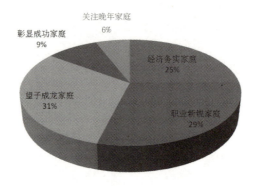

图2-18 万科战略调整前的5种家庭类型

（1）经济务实家庭

经济务实家庭以拆迁后需要新的房子生活的家庭为主。

表2-19 经济务实家庭

| 基本情况 | 这类家庭的收入不是很高，还处在事业的起点和奋斗期，一般还是做着基层的工作。这类家庭收入不高，对价格非常敏感；<br>他们对房屋的购买也抱着一种务实的观点，从自己现有的经济能力，未来事业的发展以及对未来生活的设想出发来买房 |
|---|---|

续表

| | |
|---|---|
| 生活形态 | 价格敏感型家庭在生活中的诸多方面都表现得比较节省，在休闲娱乐上也是如此，在经济能力受到约束的情况下一般进行一些花费少、近距离的休闲活动，比如看电视、做家务、看报纸 |
| 房屋价值 | 这类家庭对购房持非常谨慎认真的态度，对他们来说投入了大部分资金和心血的房屋有着重要的投资意义，是未来几年生活的保障，从心理上来说也是留给后代的宝贵财产 |
| 房屋需求 | 这种务实的购房风格决定了他们对房屋物理特征的严格把关。由于价位低的房屋在质量、装修等方面和高价位房屋相比存在不足，他们对房屋的质量很看重；<br>希望周围的小区比较安全，房屋的通风和采光都是他们购买房屋的一个重要参考标准，还希望有比较低廉的物业费用。但对房屋更高层次的属性，就很少有要求 |

（2）职业新锐家庭

职业新锐家庭指工作 3~5 年，有一定的积蓄和经济基础的家庭。

表 2-20 职业新锐家庭

| | |
|---|---|
| 基本状况 | 这类家庭占总体的 29%。家庭主要成员比较年轻，但是学历较高，收入仅次于成功家庭；没有孩子的比例高于其他家庭，很多家庭孩子年龄较小 |
| 生活形态 | 他们接受的是比较多元化的思想观念，在日常生活、休闲娱乐等多个方面更加新潮。他们非常在意生活的品质，要让自己享受到好的生活；<br>这类家庭的娱乐休闲活动是最为丰富的，主要集中在和朋友聚会，外出参加正式的社交活动，泡吧，外出吃饭，去茶楼喝茶，参加一些教育、学习活动。这些个性化的场所是他们休闲娱乐的最爱 |
| 房屋价值 | 这类家庭对房屋的社会标签价值有深深的认同，可以给自己带来面子上的增光，但是他们更加看重的是这种荣耀给自己心理上带来的享受；<br>房屋的物理特征强调的是个性特征，能够体现个人的生活品位，独一无二的情调。同时这类家庭注重和朋友一起分享生活中的快乐时刻，房屋既是下班后放松工作压力的地方，也是最好的朋友聚会、休闲场所 |
| 房屋需求 | 好的户型对他们来说很重要，这样可以方便朋友聚会等活动，还可以体现自己房屋的个性，带来享受和自我的满足；<br>娱乐场所比较近，比如酒吧、KTV，这样出去玩会很方便 |

（3）望子成龙家庭

望子成龙家庭为核心家庭，家庭有一个生活核心，所有家庭抉择均优先考虑核心人物的生活需求，以"望子成龙"型为主。

表 2-21 望子成龙家庭

| | |
|---|---|
| 基本情况 | 比例为 31%。这些家庭收入水平一般，以孩子为生活核心是这类家庭的最大特点。小孩的健康成长，是他们精神上的寄托 |
| 生活形态 | 为了孩子的健康成长，这类家庭一般进行一些对孩子的成长有利的运动，比如打乒乓球、网球、踢足球等。成年人因为照顾孩子，牺牲了业余活动和兴趣爱好，数据显示，这些家庭进行其他各类的活动比例都小于其他类型的家庭；<br>这类家庭有着强烈的家庭观念，他们非常关心家庭内部之间的和睦，关心每一个家庭成员的健康，总想要找到最美好的家庭生活，让每个家庭成员都感觉到幸福和快乐 |
| 房屋价值 | 这类家庭对房屋有一种心理上的依赖。房屋能够为孩子提供健康成长的地方，也在物质和精神上给他们一种安定的感觉；<br>他们对家庭有着更多的关注，孩子是他们生活的核心，房屋是孩子健康成长的地方，也是自己稳定感和归属感的来源 |

续表

| 房屋需求 | 考虑到孩子的健康成长,他们希望能够居住在高素质的小区,充满浓郁文化氛围的周边环境可以给孩子的成长创造良好环境;<br>房屋良好的通风和采光对小孩和老人的身体健康都是有利的。靠近自己父母可以让家人方便照顾孩子,也是保持和睦家庭关系的一个保证 |
|---|---|

### (4) 彰显成功家庭

彰显成功家庭经济实力雄厚,追求豪宅,此类客群非主力目标群体。

表 2-22 彰显成功家庭

| 基本状况 | 这类家庭不到用户总体的 9%,他们处于社会中高端阶层,家庭成员高学历、高收入、高社会地位是他们最大的特征;<br>很多家庭有成员开办公司,或担任公司中高层管理人员,是社会所认同的成功人士 |
|---|---|
| 生活形态 | 主要家庭成员一般工作都很忙碌,经常加班而没有自己的时间,希望可以有更多的空闲时间;<br>他们经济实力雄厚,休闲娱乐活动的层次比其他家庭都要高很多。比如去健身房,去一些高档体育场所,上美容院,去其他省市出游,去国外旅游,都能够给他们带来社会满足感 |
| 房屋价值 | 他们把房屋的购买看成是自己事业上成功的标志,房屋成为一个社会标签,能够拉近或增加与周围同阶层人之间的联系,促使事业再上一个台阶 |
| 房屋需求 | 他们希望小区里有完备的健身娱乐场所;<br>因为大部分家庭都有汽车,因此希望小区有良好的停车硬件设施;<br>高水平的物业管理,大规模的山水园林设计也是他们所看重的。他们希望和同等社会档次的人居住在一起,能够体现自己的身份和实力,外界对社区或者房屋档次评价对他们来说也是很重要的;<br>更多人希望在市中心买房,3 室 1 厅或更大的房屋是他们的理想。他们期望的面积在 5 类人中最大,平均价格也最高 |

### (5) 关注晚年家庭

关注晚年家庭有足够经济实力的退休老人,同时又较为关心自身的生活。

表 2-23 关注晚年家庭

| 基本情况 | 这个类型的家庭占总体比例为 6%。其最大的特点就是家庭结构趋向老龄化,或者虽然家里目前没有老人,但将会接来老人住新房子 |
|---|---|
| 生活形态 | 这类家庭由于家庭成员趋于老龄化,一般进行一些老年人喜欢的安静运动。比如逛公园,散步,在室内看书报、看电视、看 VCD 等等。对于远距离的出行或游玩一般是很少的,因为老年人的身体承受不了 |
| 房屋价值 | 要么是老年人自己为安享晚年买房,要么是子女为孝敬父母而给老人买房。对和父母同住的子女来说,房屋是照顾老人的地方;<br>对老人来说房屋也是老人安享晚年的地方。健康是这类家庭最关注的事情,老人的休闲娱乐是生活的核心 |
| 房屋需求 | 大型的娱乐锻炼场所对老年人有利;<br>老年人喜欢在早上逛超市,去早市,周围的交通状况要好,可以步行出去买东西或溜达。希望附近能够有小型的医疗机构或者大型的医院,这样方便老人的就医 |

### 3. 万科战略调整后的客户细分

同一经济水平范围内，同类客户需求具有趋同性，因此剔出经济因素对区域选择的影响，将客户按家庭生命周期进行细分，万科目标客群分为以下几类：年轻家庭、小小太阳、小太阳、后小太阳、空巢家庭以及成功人士等。

（1）年轻家庭

表 2-24 年轻家庭

| 基础特征 | 25~30 岁，以经济型客户为主 |
|---|---|
| 购房动因 | 首次置业 |
| 产品需求特征 | 总价支付能力有限，对价格比较敏感；<br>希望距离父母或工作单位较近；<br>对户型设计较为重视，对日照朝向、小区绿化有较高要求；<br>倾向于购买大型社区；<br>户型面积需求集中于 90 平方米左右的紧凑型两房两厅；<br>对于第二间房功能需求倾向于书房，整体功能侧重于满足文娱性需求 |

（2）小小太阳

表 2-25 小小太阳

| 基础特征 | | 25~30 岁，以普通职员和一般管理者为主，经济水平有限。通常夫妻中一人工作相对轻松 |
|---|---|---|
| 购房动因 | | 首次置业或改善型 |
| 产品需求特征 | 经济务实型 | 价格水平、交通状况是其最为关注的；其对周边生活及商业配套有较高要求；注重户型布局和小区景观绿化；希望选择靠近公交站、地铁的地方购房；需求户型以紧凑两房为主 |
| | 中间收入水平 | 其对交通状况的关注程度高于对价格的关注；对周边自然环境和教育文化配套较为重视；购房时注重户型的选择，倾向于户型布局良好、日照充足、通风良好的户型；期望在小区内有安全保障的儿童娱乐设施 |
| | 高收入水平 | 对价格不敏感，注重交通状况和户型布局以及开发商品牌；对周边生活配套和自然环境设施有较高要求；注重楼型及光照效果、小区绿化等；希望小区拥有较高的人文氛围；户型选择倾向于大面积三房 |

（3）小太阳

表 2-26 小太阳

| 基础特征 | 35~39 岁，以中层管理和个体私营业主为主。通常夫妻中一人工作相对轻松 |
|---|---|
| 购房动因 | 改善型 |

续表

| 产品需求特征 | 经济务实型 | 价格水平、交通状况是其最为关注的；其对周边生活及商业配套有较高要求；注重户型布局和小区景观绿化；倾向于选择靠近高质量中小学的区域购房；需求户型以两房及紧凑三房为主 |
|---|---|---|
| | 中间收入水平 | 其对交通状况的关注程度高于对价格的关注；对周边自然环境和教育文化配套较为重视；购房时注重户型的选择，倾向于户型布局良好、日照充足、通风良好的户型；倾向于选择靠近高质量中小学的区域购房 |
| | 高收入水平 | 对价格不敏感，注重交通状况和户型布局以及开发商品牌；倾向于选择高质量小学附近购房；注重楼层及光照效果、小区绿化等；希望小区拥有较高的人文氛围；户型选择倾向于大面积三房，注重子女生活学习功能空间 |

（4）后小太阳

表2-27 后小太阳

| 基础特征 | 40~45岁，以企业中层管理者和个体私营业主为主。通常家庭生活工作压力比较大 | |
|---|---|---|
| 购房动因 | 改善型 | |
| 产品需求特征 | 经济务实型 | 价格水平、交通状况是其最为关注的；其对周边生活及商业配套有较高要求；注重户型布局和小区景观绿化；希望选择靠近公交站、地铁的地方购房；需求户型以紧凑两房、三房为主 |
| | 中间收入水平 | 其对交通状况的关注程度高于对价格的关注；对周边自然环境和教育文化配套较为重视；购房时注重户型的选择，倾向于户型布局良好、日照充足、通风良好的户型；倾向于靠近高质量中学购房；需求户型以三房为主 |
| | 高收入水平 | 对价格不敏感，注重交通状况和户型布局以及开发商品牌；对周边生活配套和自然环境设施有较高要求；注重楼层及光照效果、小区绿化等；希望小区拥有较高的人文氛围；户型选择倾向于大面积户型，小高层、高层或花园洋房 |

（5）空巢家庭

表2-28 空巢家庭

| 基础特征 | 45岁以上，以经济型客户为主 |
|---|---|
| 购房动因 | 安度晚年 |
| 产品需求特征 | 以经济型空巢家庭客户为主，此类客户对价格较为敏感；<br>比较重视购买区域周边环境与小区内部环境；<br>对内部环境的关注集中于对社区安全、日常便利、生活协助及消磨时光的考虑；<br>注重房屋的日照朝向，偏好居民多的大型社区；<br>倾向户型为紧凑型两房两厅 |

（6）成功人士

表2-29 成功人士

| 购房动因 | 满足心理需求 |
|---|---|
| 产品需求特征 | 对价格不敏感，注重区域周边综合状况；<br>对区域交通状况，主要是路况有较高要求；<br>倾向于市中心的小规模社区，大面积高层、小高层住宅；或周边环境较好的独栋别墅等<br>对周边自然环境、人文氛围等稀缺性资源有较高要求 |

## 三 知名顾问公司的客户细分办法

国内地产界知名的顾问公司做的细分客户方法不同于 Pulte 和万科。一方面，他们通过 9 个指标单独对客户进行细分，另一方面，他们也将这 9 种指标的两种或两种以上结合起来，进一步挖掘客户的特征，获取更精确的客户定位。

### 1. 顾问公司的 9 个客户细分指标

这类顾问公司的细分客户有以下 9 个指标：

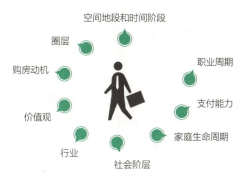

图 2-19　易居细分客户的 9 个指标

**指标 1：置业周期**

一家几代同住一个屋檐下，甚至是几代相传的时代已经渐行渐远。随之而来的换房，换几个地方，搬几次家，成为人们生活中的平常事。在欧美，一个人一生中住宅置换达五、六次之多。不同置业周期客户对房屋需求差异明显。在中国，置业次数与年龄的关系是一条曲线：20~30 岁人群购房有 80% 以上属首次购房，31~40 岁人群中 2~3 次购房的占到 48%，40 岁以上人群中 2~3 次购房占到 30% 左右。

借鉴美国 Pulte 分类方法，结合中国实际，按照客户购房次数可将客户分类为：首置、首改、再改、老年购房。

**指标 2：支付力**

将"支付能力"进一步分解为"土地属性决定的地价"和"产品面积和类型"两方面，直接指向产品。

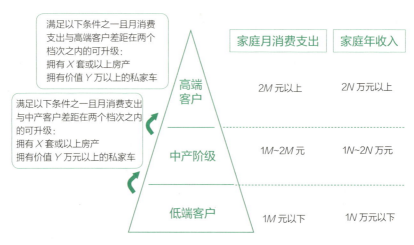

图 2-20 不同支付能力的三类客户

指标 3：家庭生命周期

家庭生命周期是基于社会形态的细分。家庭结构是决定购房关注对象的基本社会属性。在生命周期的每个阶段，客户的需求和住房类型都不同。现代人的住房需求已经由"一步到位"变为"逐步到位"，用梯级消费理念来代替过度负债消费的观念。

例如，工作不久的青年因为收入不丰，就暂且买个小房子安身；收入逐渐增高，建立家庭后，买一套大一点儿、功能完善的房子；退休后，另选地段或城市，买一套"银色住宅"养老。按照家庭同住人口代数和家庭成员结构，客户可以分成 3 大类 14 小类。

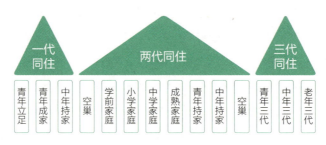

图 2-21 家庭结构分类示意图

指标 4：社会阶层

基于社会形态细分，所谓社会阶层是指依据社会成员的经济、政治、教育、文化等种种社会因素所划分的社会集团。每个人都处在一定的社会阶层，这由职业、所拥有的财富以及所受的文化教育等决定。做地产研究的顾问公司引入家庭年收入、职业和学历，确定客户所处的社会阶层。

指标 5：行业

基于社会形态细分，根据 20 大国民经济行业分类，将客户所属行业重新归类后，按照购买力和规模重新聚类分析，根据企业战略定位行业客户。

表 2-30　20 大国民经济行业

| 1 | 农、林、牧、渔业 | 11 | 房地产业 |
|---|---|---|---|
| 2 | 采矿业 | 12 | 租赁和商务服务业 |
| 3 | 制造业 | 13 | 科学研究和技术服务业 |
| 4 | 电力、热力、燃气及水生产和供应业 | 14 | 水利、环境和公共设施管理业 |
| 5 | 建筑业 | 15 | 居民服务、修理和其他服务业 |
| 6 | 批发和零售业 | 16 | 教育 |
| 7 | 交通运输、仓储和邮政业 | 17 | 卫生和社会工作 |
| 8 | 住宿和餐饮业 | 18 | 文化、体育和娱乐业 |
| 9 | 信息传输、软件和信息技术服务业 | 19 | 公共管理、社会保障和社会组织 |
| 10 | 金融业 | 20 | 国际组织 |

指标 6：价值观

基于消费动机的细分：价值观的分类标准众多，有国外的 VALS 模型（已有中国版的 VALS），profiler 模型，理性感性标准等等。该顾问公司以心理学和社会学的理论为依据结合中国房地产发展的特征正在研发建立房地产客户价值观体系，从理性/感性、促进/抑制消费、依存性/独立性等角度确定中国房地产客户价值观分类。

指标 7：购房动机

基于消费动机的细分：不同的房屋需求产生不同的购房动机，从而产生不同的购房行为：区域选择不同、物业类型需求不一、产品需求特征存在差异、对单价和总价承受力不同等。

表 2-31　常见的购房动机

| 购房类型 | 购房动机 |
|---|---|
| 投机炒房型 | 购房完全是为了通过买卖从中获取差额利润，追逐短期收益 |
| 商务需求型 | 为了商务往来购房，最常见的是购房之后，兼做办公场所和住处；或者是在新城市拓展业务时，购房满足安居的需要 |
| 自住型 | 购房完全是为了自己居住 |
| 后代念想型 | 为后代购房，自己不会居住或常住。比如，为子女购置婚房 |
| 保值增值型 | 将购房当成是一项长期投资，出租、投资两相宜 |

指标8：圈层

基于消费行为的细分：圈层细分的原理是以车程时间和地理属性为导向，判断客户导入方向，将直接影响项目的整体定位和产品设计，以及日后营销的重点方向。距离项目地2小时以内的人群通常被归为核心客户，为第一圈层；车程2~4小时内的人群被归为辅助客户，为第二圈层；车程4小时以上的为偶得客户层，为第三圈层。

指标9：空间地图和时间阶段

空间地图和时间阶段细分的原理是将客户导入方向界定成2维的：
① 空间距离，涉及到其地理位置、交通工具、车程等；
② 时间阶段，以时间为横轴，分阶段判断分批可以导入的客户。

## 2. 其他多指标综合细分

多指标综合细分是指综合以上2个或2个以上的因素，进一步挖掘细分客户的其他特征，获得更加准确的客户分类，帮助企业更加清晰地认识自己的目标客户和客户需求，从而使项目定位、产品定位和后期企划营销更加准确和具有针对性。

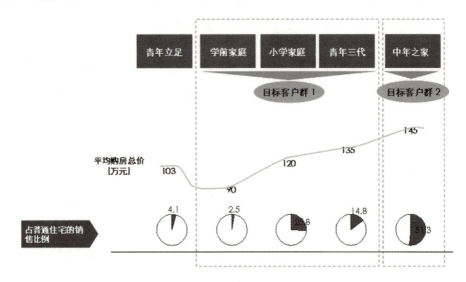

图2-22 易居目标客户定位示意图

结合客户生命周期、支付力和市场容量大小，不仅获取客户基本分类，了解不同客户的年龄分布、家庭结构特征和市场容量大小；并且洞悉其支付力，为产品定价提供一些依据，有利于企业的目标客户定位（目标客户不仅仅是市场容量最高的客户）。

## 第三节 客户购房关键触点研究

客户关键触点研究是销售环节的工作,是发生在客户登门看房过程中与开发商发生信息交换的点。进行客户关键触点的研究,能了解到客户更真实的想法与需求。根据客户的关键触点进行客户定位,能使项目锁定的客户群体更精准。

### 一 什么是客户关键触点

客户关键触点是指销售过程中开发商与消费者发生信息交换的点,通过对客户购房关键触点的研究,能了解客户购房的真实想法,提高前期客户定位的准确性,提高后期客户购买的成功率。

#### 1. 客户看房意愿中的关键触点

客户看房意愿的关键触点一般在以下三个渠道中体现。

（1）电话咨询

客户看房之前一般先要进行电话咨询,企业日常工作中也要有来电和来电统计。现在每个公司都有这种统计,而且会做分类统计：比如今天来电50组,来电途径分为看户外广告、报纸广告、收到短信、朋友介绍、路过和通过网络等多个途径,环比少几组或者多几组,同比和上周比怎么样等情况。来人统计,一般分来电转来人和直接来人,其中前者占大部分。

根据统计和分析发现,电话咨询环节中有8大关键触点,其中有三大关键点最关键,加起来贡献度占到将近70%,分别是热情、耐心接待来电,主动提供销售顾问姓名和联系方式,清晰说明项目实际位置。

表 2-32 电话咨询环节 8 大关键触点

| 关键触点 | 影响系数 | 贡献度 |
| --- | --- | --- |
| 热情、耐心地接待您的来电 | 0.32 | 44.5% |
| 主动提供销售顾问的姓名和联系方式 | 0.09 | 12.9% |
| 清晰说明项目的实际位置 | 0.07 | 10.2% |
| 充足的销售热线接待能力,没有占线 | 0.07 | 9.3% |
| 清楚地介绍具体路线 | 0.06 | 8.8% |
| 礼貌地邀请您到现场参观 | 0.04 | 5.9% |
| 明确说明楼盘价格 | 0.04 | 5.5% |
| 明确说明工程进度和销售进度 | 0.02 | 2.9% |

(2)项目网站访问

在客户访谈中传递出一个信息,即现在项目必须有项目网站。客户用搜索引擎了解项目,看到广告后就会在网上搜索,先看基本资料,然后一定去社区论坛看一下,看看某些业主、某些人对楼盘有没有负面评价。因为现在能够看到楼盘负面评价的地方只有网络。

(3)道路导识系统

现在很多楼盘,因为郊区化,位置都很偏远,消费者一般不熟,不认识路。所以从城市主干道到项目的一路上要有导识系统,关键拐点上设置指引交通标识牌,让客户能顺利到达项目,这也是增加客户看房意愿的重要因素之一。

## 2. 客户购房意愿中的关键触点

客户购房意愿关键触点主要有三点:
① 楼盘特点关键触点;
② 购房服务关键触点;
③ 购房紧迫感。

从客户研究结论看,这三点在受客户关注程度上所占的比例基本是楼盘特点占 50% 权重,购房服务占 30%,紧迫感占 20%。

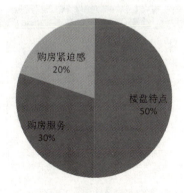

图 2-23 受客户关注程度占比

（1）来自楼盘自身的关键触点

大部分客户还是更关注房子本身的品质，性能价格、相关配套才是最关键的。从营销角度看，建筑立面风格和景观园林是最能让客户产生价值认知的点。另外，电梯的档次、大堂的档次、电梯的品牌等都和价值感有关，能让客户觉得这个产品很有价值。

某知名开发商为楼盘做品质感和价值感的手法和技巧

广东的开发商曾经有一个套路，在装修大堂的时候一定多花钱，而且在人能摸到的高度以下的地方一定用大理石，再往上用替代品。某知名开发商的楼盘便是如此，2米以下是大理石，到上面用的可能是半公分的贴片，贴得很薄，视觉效果是一样的，可以省很多钱。这种贴片是该开发商和工厂共同研发的，这是他们做品质感和价值感的手法和技巧。

（2）来自购房服务的关键触点

购房服务关键触点包括六大要素：信息传递、激发想象、打消疑虑、贴心服务、顾问营销、保障得体。把这六要素由低向高、由浅向深、由不重要向重要、由下往上做一个分析。

表 2-33 购房服务关键触点 6 大因素

| 购房服务因素 | 关键点 | 贡献度 |
|---|---|---|
| 打消疑虑 | 取得客户信任 | 23.6% |
| 顾问营销 | 量身定做的专业"顾问"服务 | 19.9% |
| 激发想象 | 生活化场景的传递 | 19.4% |
| 保障得体 | 高水平现场物业服务 | 16.7% |
| 贴心服务 | 以客户为本的人性化服务 | 16.3% |
| 信息传递 | 全面展示楼盘特色和信息 | 4.2% |

在购房服务关键触点中,最重要的是激发想象、顾问营销、打消疑虑三项。

激发想象主要通过生活化场景的传递,需要每个人都是生活的导演,对生活场景要有传递的能力,要和客户一起来共建生活场景,共同对生活进行幻想。

顾问营销要求置业顾问为客户提供量身定做的专业顾问服务,因为每个家庭情况不一样,所需要的顾问服务也就不一样。

打消疑虑就是取得客户信任,这一点占最高分,对客户的购买占最大贡献比例。

最影响消费者购房意愿的是要取得他的信任。一般意义上讲,如实介绍楼盘销售进度、多个信息渠道提供产品资质和质量保证、清楚回答与竞争楼盘相比优劣势等都是取得客户信任的有效方法。

(3)来自购房紧迫感的关键触点

营造紧迫感对意向户型涨价效果最显著。购房紧迫感来自于销售人员话语和销售现场氛围两方面。现在大部分售楼处门可罗雀,售楼员话语和售楼现场氛围营造是在目前销售形式下一定会做的功课。比如销售人员告诉客户,说你喜欢的户型可能价格上涨,造成客户的紧迫感。

## 链接

### 如何提高购房紧迫感

在有些楼盘常见到一些开发商做一些小标记,比如插几个小旗在上面表示卖完了,销售人员还会对客户说这些都定了等,这是做销售控制。销售控制有基本技巧,能使这个楼盘显得很热销的样子,让客户产生紧迫感。

**3. 客户推荐意愿中的关键触点**

意向客户阶段，推荐多发生在初次看房之后。若想推荐回馈得到广泛接受，要有回馈利益点，不管是积分还是免物业费都可以。回馈对于推荐有明显提升作用，尤其对于意向客户更明显，是客户推荐意愿的关键触点。

## 二 客户购房关键触点的研究内容

① 哪些触点更能有效促进客户购买？

通常情况下，开发商在做一个项目营销总策划的时候，会为这个项目设计很多卖点和价值点，也会通过很多渠道、媒介传播，或者传递价值理念。但实际对于客户来讲，能够感知到的项目价值非常有限，而且有规律，所以第一个问题是哪些触点促进客户购买。

② 和竞争对手相比，自己企业有哪些优势和不足？

在资源有限前提下，抓住关键触点，形成比较优势，是赢得市场竞争的捷径。

③ 如何进一步提升自己的销售服务？

## 三 客户关键触点的研究对象

客户关键触点的研究对象必须是项目的意向客户，并且同时具备以下三个条件。

① 受访者近 3 个月内至少看过两个同档次的类似项目。每个楼盘都应该有竞品，虽不是最直接的，却是相似的，比如同地段，同价位，同总价，同档次，同规模等，这些都是寻找竞品或者确认竞品的标准，每个项目都要建立自己的竞品体系。

② 尚未签约，但是有明确购买意向，基本是 A 类或者 B 类客户。

③ 家庭购房决策人或参与决策。因为现在买房是家庭的事，不仅仅是个人的事。除了极个别人买房投资或是其他用途，基本上房子的购买是一个家庭参与决策。

## 四 客户关键触点的研究方法

研究客户的关键触点需要通过对客户的深访，定性和定量研究相结合来真正了解客户。

在做项目时候要做少则 50、多则上百的客户深访样本，每个深访大概 1 小时以上，只有这样才能全面挖掘客户的个性化需求,或者说共性化需求,否则就是在和客户进行博弈——猜客户,而且猜不准的时候居多。

对客户进行深度访谈的是资深研究人员,而不是刚毕业的学生,因为他们对客户心理把握不了。研究人员进行一对一主题访谈,了解其购房的决策心理。

表 2-34 定性和定量研究相结合的方法

| 研究方法 | | | 研究成果 |
|---|---|---|---|
| 定性研究 | 深度访谈 | 由资深研究人员对意向客户进行一对一的主题访谈,了解其购房决策心理 | 1. 客户一般购房流程<br>2. 触点指标体系(核心成果)<br>3. 购房触点感受 |
| | 焦点团体座谈会 | 由本公司受过专门主持人技巧训练的专业人员主持,激发客户相互讨论,共同探讨购房决策中的触点 | |
| 定量研究 | 预约面试 | 由资深访员与意向客户预约时间进行问卷访问,采取录录方式,请客户对购房触点中的感受进行打分 | 1. 触点指标权重<br>2. 触点指标满意度 |

## 链接

### ⬇ 客户访谈的操作步骤

① 清晰本次客户访谈的目的;

② 了解访谈对象的相关信息;

③ 结合访谈目的和访谈对象,制定访谈提纲(设定问题需环环相扣,几个问题结合在一起就可以基本清晰自己需要的结论);

④ 进行访谈(提前设想整个访谈流程,对于过程中可能出现的问题或话题偏离要有预案,同时,需关注访谈中的客户细节);

⑤ 访谈结果形成(结合访谈收集到的结论和访谈过程中的细节,进行归纳分析,形成营销策略建议)。

## 五、7 类不同因素影响客户关键触点

客户关键触点因客户所在城市的差异、客户性别的差异、客户家庭结构的差异而不同。

### 1. 不同城市看房的关键触点不同

促进看房的关键触点和各个城市的文化有关系。在一个城市开发项目时,就要研究当地人主流特点是什么,是关注进度,关注价格,关注位置还是关注其他,都要提炼总结出来。各个区域都具有不同的客户性格特点。

北京人看进度，特别像政府官员视察工作；上海人精明，看价格，关注性价比如何；重庆和成都看位置和路线，这和两个城市的生活观念有关系，成都人和重庆人喜欢消费，喜欢享受生活，喜欢"耍"，成都是"耍都"；西安客户在电话咨询遇到占线的时候，会极大地影响到是否去看房，相对和其他城市比不太成熟。

### 2. 不同城市购房的关键触点不同

北京和重庆客户看重服务，上海、西安客户看重产品。

楼盘特点关键触点方面，重庆客户看中物业管理，这和重庆是享受型城市有点关系，物业管理很重要；成都客户看重配套，因为成都人喜欢吃喜欢玩，旁边要有餐饮、娱乐等配套设施；西安客户看重户型，说明西安客户最实在，但是生活幸福指数就没有成都高。重庆客户重视物业。重庆的所有开发商都比较重视物业，包括金科，所以渝派地产商有三个特点：园林好、成本控制好、物业管理好。

购房服务关键触点，北京、成都客户注重生活体验，而西安客户疑虑较多。北京、成都客户注重售楼中心的生活体验，对于那些能激发他们对未来生活想象的服务触点非常感兴趣，这两个地方的人对未来生活都有很强的想象力。上海客户非常注重置业顾问的专业度，如果得到置业顾问指导，将极大提升其购房意愿。

### 3. 不同性别客户的看房意愿不同

男性客户看中态度，女性客户看中价位。

电话咨询的时候，男性客户比较感性，良好的接听电话态度，会促进男性客户实地看房，包括美妙的声音也会促进；女性咨询的时候表现得比较理性，关心价格、进度等实质问题。

### 4. 不同性别客户的购房意愿不同

男性客户看重产品，女性客户看重服务。

到实际看房阶段，男性的理性一面充分体现出来。和女性相比，男性更注重产品本身特点；而女性对购房服务的关注高于男性，所以对于女性客户来说，现场接待很重要。

### 5. 不同性别客户的楼盘特点关键触点不同

在楼盘特点关键触点方面，男性客户的关注点更全面，而女性客户更看重房屋本身。

男性客户有领导思维、全局思维，关注物业管理、品牌、配套服务等。女性客户主要关注房型、户型，将来房子怎样布置等。

## 6. 不同性别客户的购房服务关键触点不同

男性客户看重专业，女性客户则疑虑较多。

对于男性客户要进行顾问营销，有针对性地推荐不同档次的户型，如实介绍户型的优点、不足点。

要准确把握客户的住房需求，通过三言两语知道他的想法，大概购买能力，家庭人口数量和家庭结构等信息。

对于女性客户，要打消疑虑，激发她的想象。样板房布置要生活化。通过户型模型直观展示未来生活空间，引导客户对样板房的深度体验，留给客户体验的时间和空间。

在决定是否看房的时候男性比较感性，看重电话咨询态度，在购房过程中，男性体现出理性，女性相对感性。

购房服务过程中男女比较，男客户先感性后理性，女客户先理性后感性。其实人的感性和理性基本相当于 A 面 B 面，可以相互转换，人都有感性和理性的一面。

客户在看房和购房的过程中，理性和感性是不断交织的。销售人员要了解并把握客户心理。

## 7. 不同家庭结构的客户关键触点不同

在不同的家庭结构中，受家庭关系、购房目的、购房经验等因素的影响，客户的关键触点并不相同。

表 2-35 不同家庭结构的客户关键触点

| 不同家庭结构 | 客户关键触点 |
|---|---|
| 三口之家更关注产品 | 三口之家多为改善型居住，对户型等产品本身特点要求较高 |
| | 夫妻二人家庭多为首次购房，首次体验购房服务，因此对服务关注度高 |
| | 老人购房经验少，容易受到各种销售技巧的影响，其购房紧迫感也会间接感染家庭其他决策人员 |
| 夫妻二人更注重体面 | 夫妻二人的家庭多为首次购房，在同龄人中略有炫耀心理；其他家庭类型更关注住宅的实用性 |
| | 随着孩子的长大，三口之家开始关注户型 |
| | 对于三代同堂的家庭，孩子需要就近上学，老人需要就近就医，因此周边学校、医疗等配套设施的作用凸现 |
| 三代同堂重服务 | 夫妻二人的家庭多为初次买房，对基础信息不甚了解，看重品牌的理念和特色 |
| | 三口之家多为改善型购房，对房屋有自己明确需求，同时他们也希望得到置业顾问的专业建议 |
| | 对于三代同堂的家庭，老人、孩子也会去现场看房，照顾好老人和孩子成为促进买房的重要因素 |

**大连某项目目标客户研究**

## 一、客群特征认知

**1. 大连本地原住民**

（1）本地居民的居住选址心理分析

对大连城市原住民而言，住宅是他们养育子女或赡养老人的地方，居住的氛围与周边人群的素质是十分重要的，虽然依赖便利的城市配套，但居住上更偏好安静的居住氛围，看重周边人群的素质，不愿远离自己的社交区域。

他们希望自己的邻居的构成是相对简单的、和自己同是本地居民、有着大致相同的生活背景、同属同一阶层的人群。并且，常年积累的生活习惯与培养的社交环境，使他们更加不希望轻易地变动自己的居住地点。

大连本地人，经历了城市的变化，商圈的兴衰，对城市各区域的认知在他们幼年的时候已经形成。南山板块以具有较好的山景资源又由于被群山环抱不致受到海风的侵袭成为大连最早形成的高档居住区，形成的历史可以追溯到殖民时期的外国使馆区，以及近几年建成的市长楼。由此，大连本地人对南山板块的高档居住区的形象形成了非常稳固的心理认知，在区域价值的认同上与外人相比，有着较大的差距。

（2）本地居民的心理价格预期

构成目前大连本地主要购房群体的客户，基本都经历了私属宅邸、单位分房以及商品房初期极低的销售价格的时期。在房地产市场快速发展的过程中，每年价格快速的攀升几乎都超出了他们能够想象的范围。本地客户对市场价格的涨幅及涨速有很明显的时滞，虽然他们在目前的市场环境的影响下多数都认为价格将会持续地上涨，但对未来价格的判断往往落后于真实市场所发生的变化。

**2. 城市移民**

（1）城市移民的居住选址心理分析

虽然为大连移民，但由于在大连生活、工作时间较长，对大连也非常熟悉，也经历了大连的一些变化。

与大连本地客户相比，外来移民基本以一代移民为主，后成家生子，他们虽然对城市的发展有一定的了解，但对区域的认知是建立在城市快速发展的基础之上的，没有固有的城市区域价值认知观念，对新兴的高档或繁荣的区域比较容易发现其价值，并乐于融入其中。在选择居住地点的时候，也不受固有思想的束缚，他们看中的是今天城市发展中形成的区位价值。

（2）从事行业

外来移民中的高端客户，财富积累的历程多数是在大连完成的，与城市的发展密切相关，其中以房地产业、贸易、货运、服务、投资等类型的行业居多。

工作所需，使他们经常往来于多个城市之间，见多识广，信息接收快速。

（3）价格预期

对城市变化比较敏感，工作所致的多城市间的往来，使这部分高端客户更易于接受房地产市场价格的变化。

（4）消费方式

一方面需要通过相对超前的消费来证明自身的成功，另一方面相对快速的财富积累使这部分高端客户对未来发展有更强的信心。因此在消费方式方面，逐步形成了这个城市的意见领袖，潜移默化地成为整个城市消费方式变化的催化者，这方面特点不仅仅体现在住宅消费上，也同时体现在其他高档生活用品、服饰、汽车、饮食方面。

（5）客群规模趋势

大连经济相比东北地区更加快速的发展，会形成洼地效应，吸引广泛的移民进入，从整体基数上保证了高端外地移民客群规模的持续增长。

### 3. 外地客户

（1）客户来源

东北作为大连的腹地，与大连之间的关系最为紧密，而大连绝佳的地理位置使其在经济活动、自然资源方面又形成了比较明显的优势，因此在外地客户中，东北客户占据的比例最高。

在东北三省中，东北十市经济相对活跃，高收入人群财富积累的速度也明显高于其他东北城市，因此在东北的客户构成中来自于东北十市的客户更多。

（2）经济实力

一方面，从这类客群所表现出来的置业目的及北方人群相对保守的消费行为综合判断，这类客户具有更强的经济实力；另一方面，在多数高档住宅项目中，一次性付款的也主要以东北地区客户为主。

（3）客群规模趋势

这类客群的规模在很大程度上取决于东北区域及大连城市经济发展的水平与速度。振兴东北成为国家经济发展中重要的举措，并且大连城市产业经营战略的制定也意味着未来经济发展将会有比较高的预期，因此这部分客群的成长性预期是比较乐观的。

## 二、目标客群判断

本项目产品核心价值特征及分期节奏的安排上，应与目标客群的核心价值取向及产品需求特征相一致，并在此基础上进行提升。

表 2-36 目标客户

| 意见领袖 | 主力客群 | 本地原住民 |
| --- | --- | --- |
| 城市移民是介于本地原住民与外地客户之间的一类客群，具备相对领先的价值认知观念及比较广泛的圈层关系，是本项目首批客户构成 | 外地客户，尤以东北客户为主，客群规模较大，并且购买力强，构成本项目的主力客群 | 本地原住民，居住观念有待进一步引导，在本项目后期形象比较成熟时，会成为客户构成的补充 |

## 三、核心价值取向

### 1. 彰显心理

将居所作为展示自身社会地位的载体，并向外界表明所从属阶层的生活态度。

（1）大连城市原住民

在居住方面，当经济实力达到一定水平的时候，比较乐于更换住所，提升自己的居住品质，希望能够在一定程度上向周围的人展示自己在事业上的成功与经济条件的改善，或者说在对居住条件的态度上有某种程度的攀比的倾向。但总的看来，他们的具体行为仍是相对内敛的，炫耀或攀比的对象也仅限于同阶层的人或生活圈中的人群。

（2）城市移民

这部分人群希望能够在各方面融入到大连城市生活之中。他们没有家族背景的生活、社交圈层，而接触到的更多的是在社会中与自己同一阶层的各类人群。外来移民渴望能够扎根在这个城市，希望能够在社会中证明自己的存在与价值。大连外来移民基本是白手起家，在通过自身的努力后成为社会中的富裕阶层，他们通过变换更好的居住条件渴望向更高一层级的人群靠拢，并向整个社会证明自己的成就及所处的阶层。

在这部分高端客户看来，居住社区中的人群来源并不重要，是否为本地人也不重要，重要的是大家都是成功的人士，居住在这里能够显示自己的身份地位，是展示所处阶层的标签。

在居住区位的选择上，以最大化地占有这个城市的资源为骄傲，来证明自己是这个城市中不可忽视的一分子。

（3）外地客户

异地置业已经是其可以显示自身实力的最佳方式，而对于其中更具实力的客户，将以占有这个城市最突出的资源及拥有最高品质的住宅为荣。这部分客群看中的是居所的知名度。

### 2. 从众心理

从众心理是客户彰显身份地位的具体体现，也是本项目实现客群放大的机会。作为意见领袖的城市移民及构成主力客群的外地客户，均具有较强的从众心理。

（1）城市移民

城市移民会考虑同一阶层或更高阶层人群的普遍的价值评价标准，希望自己与社会中主流的价值观一致。因此反映出在目前高端住宅市场供应的引导下，这类客群对海景高层住宅的价值认可度较高。

（2）外地客户

外地客户对城市区域价值的判断及市场情况的了解并不十分深入，购房信息获取的途径也多数通过朋友介绍，在项目选择上的从众心理表现得十分突出。

## 四、客户需求特征

客户对居所的核心价值诉求，所反映出的产品需求特征有：

① 占有城市优良资源；

② 项目具有较高的知名度；

③ 建筑品质能经受时间的磨砺；

④ 高品质的物业服务。

### 1. 必须满足客户需求的产品特征

（1）占有城市优良资源

在客户深访及问卷调研中发现：

① 城市移民、外地客户均表现出对海景资源的偏好；

② 本地原住民则反映出对相对安静的山区板块的低密度住宅的偏好。

竞争项目：星海广场高层项目中均存在一定比例的户型不能提供很好的观海景的资源，项目通过内部园林弱化资源占有的不均；低密度产品存在市场机会，在山区板块中的低密度产品供应稀缺。

本项目产品特征需具备：高层及低密度产品均应充分利用海景资源；低密度部分应体现出居住的环境的安静与私密；内部园林设计应具备较好的景观效果。

（2）项目具有较高的知名度

海景资源的产品体现：

① 客厅、主卧室设置大面积开窗；

② 主卧卫生间能够看海。

内部园林景观的需求：

① 大部分客户虽喜欢水景，但认识到日常维护难度较大，所以偏好并不明显；

② 多数客户希望园林具有大面积的绿地及高大的植物，开敞的视野；

③ 具有较大面积的公共活动场地。

在客户深访中发现：

① 所有客户均提到星海国宝是大连最高档次的住宅，大部分客户均曾经有意向购买星海国宝的住宅，并且少部分客户已在星海国宝置业；

② 被访客户比较认同星海国宝的高品质、高售价所形成的较高的知名度。

本项目的策略：

① 结合酒店、商业所形成的综合优势，打造与星海国宝差异化的品质形象；

② 在市场可接受范围之内，本项目具备优质资源的产品可形成较高的价格标杆（单价、总价），从

而提升项目的知名度。

（3）建筑品质能经受时间的磨砺

所有客户均对星海国宝的建筑品质具有较高的认可，主要体现在：

① 全石材外立面；

② 欧式仿古的建筑风格；

③ 精装修入户大堂；

④ 分户式中央空调；

⑤ 不锈钢防腐露台护栏；

⑥ 铜制水管。

（4）高品质的物业服务

客户对高品质物业服务的需求主要包括：

① 安全管理；

② 人性化的服务；

③ 品牌物业管理公司。

在客户深访及调研问卷中发现，基于客户已形成的居住习惯所反映出的产品需求特征：

① 一层少户，标准层户数在3户以下；

② 户型方正、南北通透；

③ 客厅、主卧室均应朝南向；

④ 主卧室带独立卫生间；

⑤ 具有可供观景的露台；

⑥ 封闭的厨房及独立的餐厅；

⑦ 基本不需要保姆间。

## 2. 客户存在的不确定的产品需求

（1）低密度产品形式

由于低密度产品市场供应较少，导致：

① 被访客户中，具有低密度产品居住体验的客户较少；

② 市场中产品供应形式单一，品质较低。

客户在低密度产品需求方面的认识比较模糊，不能明确地提出建筑形式、层数、露台面积、私家花园、停车方式、地下室空间等方面的需求，在问及相关问题时，客户仅对居住的功能空间分布提出相对简单的需求。

本项目低密度产品需要对客户的需求进行引导，一方面通过引入先进的设计理念，引导客户的居住习惯；另一方面可以通过产品附加值的体现，实现较高性价比的产品优势。

（2）户型面积

客户对居室数量的需求主要集中在三居、四居；

客户在户型面积的需求上，受市场引导性较大，在售高层项目多数在景观资源较好的位置设置较大面积的户型，因此客户所购置的户型面积多数超出真实需求。

市场供应中，面积适中的户型由于总价控制得当，销售速度较快，如大连明珠项目的销售中200平方米以下的户型，半岛听涛项目的销售中170平方米左右的户型，由于面积适中，销售速度也相对较快。

客户在满足居住功能的基础上，户型面积需求并非一味求大，因此本项目可在优势资源处设置相对大面积户型，而其他户型设置应在满足客户使用功能的前提下控制户型面积，使产品在单价提升的情况下可以控制总价。

（3）装修标准

在深访及调研问卷中发现，客户对精装修产品的需求并不能形成倾向性的意见：

① 深访客户中，多数偏好清水交房，仅一位客户选择精装修产品；

② 在调研问卷中，约40%的客户选择普通精装修或菜单式精装修。

（4）先进的设备配置

① 分户式中央空调、地板采暖得到普遍认知。

高端市场供应中，多数项目采用分户式中央空调及地板采暖系统，客户对此类设备比较熟悉。

② 新风、直饮水、中央吸尘、除湿、热水系统客户认知模糊，主要关心附加建造成本及后期使用成本。

由于目前高端产品使用相对先进的设备配置稀少，客户缺乏实际的体验及使用成本的预计。

# 第三章
## Chapter Three

# 产品定位

产品定位是房地产前期策划定位中的重要环节,产品定位的准确与否决定着项目的成败、企业的盈亏。如何准确做产品定位已成为每个房企持续探索的重要问题。

越来越多的房地产开发商早就开始了致力于加大产品的差异性的努力,树新标,打造独特品牌特色的产品是他们的行动方向。

本章将从产品定位的原则、方法、程序和影响产品定位的因素、定位策略技巧及不同品类产品定位等方面阐述产品定位的过程。

## 第一节 对产品定位的重要认知

房地产产品定位是站在发展商或土地使用人的立场，针对特定目标市场的潜在客户，决定其所持有的土地，应在何时，以何种方式，提供何种产品及用途，以满足潜在客户的需求，并符合投资开发商或土地所有人的利益。简单地说，房地产产品定位就是同时以满足规划——市场——财务三者的可行性为原则，设计出供需有效的产品。它有以下三个含义：

① 以开发商或土地使用人的立场为出发点，满足其利益的目的；
② 以目标市场潜在客户需求为导向，满足其产品期望；
③ 以土地特性及环境条件为基础，创造产品附加价值。

### 一、产品定位的意义

定位是在消费者心中区别不同的产品、服务品牌的基本方法，其实质就是有的放矢的差异化。产品定位是所有定位的基础，没有产品在消费者头脑中的鲜明形象，就没有品牌及公司在消费者头脑中的鲜明形象。

产品定位在房地产投资活动中将扮演的角色越来越重要，对房地产前期开发来说，首先就是要确定产品定位，产品定位的依据是目标市场定位。

第一节 | 对产品定位的重要认知

图 3-1 产品定位的意义

### 1. 产品定位是项目成败的关键因素

房地产开发项目需要经过市场调研、项目选址、投资研究、规划设计、建筑施工、营销推广、物业管理等一系列漫长的过程，这些过程中任何一个环节出现问题，都会影响到项目的开发进程。

房地产产品定位是房地产项目开发前期策划的关键环节，几乎参与到项目的每个环节，通过概念设计及各种策划手段，最终使开发的商品房适销对路，占领市场。实践证明，正确的产品定位能为项目开发成功保驾护航，使用了科学、规范的策划理念及产品定位指导的项目更容易获得成功。

### 2. 用产品定位做项目竞争门槛

面对市场竞争，房地产项目产品定位是很好的增强竞争力的手段。房地产项目必须依靠直面市场，精心策划，规范操作，以"精品"显特色，以"品牌"占市场。用产品定位做项目竞争门槛，才能赢得市场主动地位。

一个房地产项目，要经过对产品的深入研究和分析，再使用严密的产品定位研究和产品策划，最终提出适应消费者需求的产品，这样的产品必然受到消费者的追捧和认同，项目自然就会具有竞争力。

 房地产项目做产品定位的三个价值

① 合理定位房地产产品，是房地产项目成功的首要条件。

房地产项目开发前期需要耗费较多的人力和财力，具有投资额大、投资回收期长、影响因素多的特点，有很高的复杂性和风险性，必须通过正确的产品定位去规避。

② 帮助企业提供的产品适销对路。

合理的房地产项目产品定位具有可以预测未来市场，满足居民居住具体要求等作用。房地产产品的精确定位可以带来有效的经济价值。

③ 通过房地产前期准确的定位策划可以减少开发过程中的决策失误，减少项目的经济损失。

## 三 产品定位方向因为产品阶段不同而不同

产品定位要在地产项目立项之初，取得土地前就要进行，目的是尽快确定土地使用方向（例如土地是否宜建办公大楼、商业大楼、住宅大楼）。

产品设计阶段和开发预售阶段有可能因形势变化等要修改原定目标而重新做产品定位。产品定位的工作主要集中在项目决策阶段和规划设计阶段。

### 1. 项目决策阶段 产品定位重在确定产品使用方向

项目决策阶段的产品定位主要是确定产品使用方向（如建住宅或办公楼等）、开发时间、明确目标客户和投入的总资金等。这个阶段的产品定位目的是让开发商掌握土地的基本价值。

产品定位的主要工作内容有5个：

（1）确定目标客户和使用方向

通过市场调查与分析，确定目标客户和土地的使用方向。

（2）掌握土地基本条件

了解土地的基本条件，如面积、形状等。一般而言，面积越大，形状越规整，定位的空间越大。

（3）了解规划条件

了解政府部门的规划许可，包括建筑类型、高度限制、容积率限制等，都对土地价格有决定性的影响。

（4）勘察土地周边环境

小区环境对于住宅、办公楼及商业楼都存在较大影响，在商业未成熟的区域，规划为住宅楼是风险较低的方案。

(5)土地开发条件

现今土地开发项目中有相当一部分是与当前土地使用方合作开发的,因此合作方的意愿对土地的用途有决定性的影响。

### 2. 规划设计阶段 产品定位重在确定产品规划方向

规划设计阶段产品定位的重点在于确定产品的规划方向,满足潜在客户对项目使用功能、品质和价格方面的需求,即确定建筑形式、楼层布局、装潢水平、销售或是租赁等深层次的因素,着重确立土地开发商对产品附加值的利用。

这个阶段需要严格掌握以下几个问题:

(1)建筑法规

符合住宅建筑规范,确定产品建筑结构(砖木结构、砖混结构、钢筋混凝土结构和钢结构)、建筑形态(建筑物的外观,围合成H形、L形、一字形)、建筑风格(古典风格、中式风格、异域风格、现代风格等)。

(2)市场需求特性

充分了解项目所在地房地产区域市场价格情况,预计房价走向,进行合理产品价格定位;对当地房地产市场进行调研,分析市场各类产品占比及销售情况,确定市场需求度最高的产品。

(3)风险与报酬

在核算总成本、用款周期、预计报酬率等数据基础上做出比较,以确定附加值的可能性。

## 链接

### ⊙ 项目建设阶段产品定位受形式和市场影响

在某些情况下有可能在建设中途发生形势变化或市场需求变化而要改变项目用途或销售对象,此时有可能重新定位,作改建、修缮等工作以适应新的目标。

## 四 做好产品定位的 4 个原则

图 3-2 房地产产品定位的 4 个原则

如何进行房地产产品定位,如何使策略性营销最终成为现实,要坚持如下原则:

### 1. 市场化原则

任何产品期望获得市场的、消费者的认同,首先应该是符合市场需求的、有血有肉的价值载体。

市场化的原则是做产品定位的前提基础。原因是:

① 它没有理由不着重分析目前市场上存在的产品、对手,以及即将出现在市场上的潜在力量。知己知彼,方能百战百胜。

② 它同样需要分析它的目标客户群体,他们的购买力和购买欲望是决定任一商品消化顺畅与否的关键。产品定位是去高度竞争的市场中建筑自身的位置,去满足及挖掘客户尚存的或还没有释放的购买力和购买欲。

### 2. 差异化原则

产品定位要建立在充分的市场分析基础上,在这个过程中要做好四件事:

① 在选址上有自己的看法;

② 在产品主题、概念方面有所不同;

③ 在环境、配套、户型结构等方面有其特色;

④ 在立面、色彩等方面不甘落后。

差异是一种变通，是优化，是满足市场需要或做市场引领者。差异性一定要包含确定性，即产品要有特点，且这一特点必须是明确的、可认知的；要为某些客户打造某一房地产产品，需要有明确的、满足客户需求的软硬件设施。

### 3. 产品类别互相不可替换性原则

产品类别的不可替代性，指房地产项目内部的各类产品如各类户型、楼型的不可替代性：即客户不会因为选择某一户型或楼型而使其他户型或楼型滞销。

这一点在具体的定位操作中容易被忽视。比如 130 平方米的三房和四房同时存在，复式住宅与排屋面积及价格区间相仿，而致使在销售过程中鱼和熊掌无法兼得；出现这类问题的原因就是，此例中三房与四房可以替代；复式住宅与排屋可以替代，消费者在购买中于是只选其一，导致另一产品难以消化。这是定位阶段犯的错误，后期很难弥补。

### 4. 产品价格控制性原则

产品价格控制性同样容易在具体操作中被忽视。价格是决定供需最有力也是最残酷的杠杆，价格最终决定客户去留。由于开发商开发建造成本的花费及对利润的要求，房地产产品价格的弹性空间往往有限，所以定位必须充分考虑到产品与客户购买力的对接，以及面对竞争对手的价格取向。价格在一定程度上要成为项目户型面积、成本的控制链。

## 五 产品定位方法及程序

产品定位必须依照科学的方法，通过对大量数据进行分析整理和计算，综合建筑、财务、销售各个环节的因素不断优化，逐步形成最具竞争力的方案，供决策者做出判断，使产品定位取得切实有效的业绩。

### 1. 产品定位方法

房地产产品定位一般遵循先外后内、先弱后强、先实后虚、先分后合、先专后普的操作原则。

表 3-1　房地产产品定位方法

| 定位方法 | 总要求 | 具体细则 |
| --- | --- | --- |
| 先外后内 | 进行产品定位先决定外部整体规划，再考虑内部具体单位 | 先决定空间用途，再考虑单元面积计划 |
| | | 先确定整体容积率的分配，再考虑栋别或楼别配置 |
| | | 先规划整体出入动线，再考虑各楼层或各单元空间的联系方式 |
| | | 先做完整地块规划，再做零星地块利用 |
| 先弱后强 | 进行产品定位时只有具备创造附加价值及增加边际利润的意识与技巧才能有效提高土地价值 | 创造边际利润机会，将主要的努力付诸最具边际利润的产品上，创造高纯度的附加价值 |
| | | 具备整体价值意识，在进行产品定位时，必须掌握个别空间的价值，以使产品的整体价值最大 |
| | | 善于搭配组合技巧，善用空间搭配组合，才能把边际价值发挥到极致 |
| 先实后虚 | 正确处理"实得面积"与"公摊面积规划"关系 | 产品定位者必须找出谁是目标购买者或使用者 |
| | | 产品定位者必须有相对的经济效益观念 |
| | | 产品定位者还要根据基地规模、产品类型、规划户数等条件掌握既能为市场接受，又符合开发商投资报酬效益的公用设施比例范围，以将目标客户对私有功能及共用功能的可能偏好作合理的规划 |
| 先分后合 | 合理规划楼层市场、平面单元面积、合理控制造价 | 区别楼层市场的先分后合原则即是就大楼各楼层市场（如顶楼市场、中间层市场、一楼市场、地下市场等），个别评估其供需状况及规划条件，再考虑楼层之间的关联或合并的可能性 |
| | | 调整平面单元面积大小先分后合原则即是先确定最小可能销售单元的平面功能，再合并数个小单元成较大面积单元，以使开发商调整平面的弹性最大 |
| | | 控制造价合理的先分后合原则即是在维持建筑物结构安全的前提下，预先做好最小单元化的建筑规划及成本预算，再合并大面积规划 |
| 先专后普 | 正确处理产品特殊化 | 产品特殊化的程度必须考虑基地所在地的市场特性、供需状况及各种目标客户群的相对规模与购买力 |
| | | 不论特殊化或专业化都必须把握重点，注意市场"门槛效应"，进行产品定位时切忌盲目地为特殊而特殊 |
| | | 先尝试并评估各种专门化的可能性及市场接受性，以创造产品的附加价值及利润空间。除非市场机会有限或基地条件受限制，才考虑发展风险低的一般性产品 |

## 2. 产品定位的基本步骤

产品定位侧重于产品实体定位、质量、成本、特征、性能等方面内容。房地产产品定位有以下 6 个步骤：

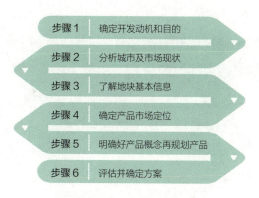

图 3-3 产品定位一般步骤

（1）确定开发动机和目的

项目开发动机和目标决定了做产品定位的方法。

考虑开发动机时需要结合四个方面的因素：开发商自身实力、企业经营状况、企业财务能力和经济发展趋势。

开发商开发一个项目时会有很多目的，比如，为快速回笼资金，为追求最大利润，为加深企业品牌形象等。开发产品目的不同，产品定位的方法也会不同。比如，在市场萧条期需要预计风险，以低投入、资金快速回收为出发点；而对于一些财力雄厚的企业集团，集中财力优势搞投入大、附加值高的产品也不失为一种选择。

（2）分析城市及市场现状

了解地块所属城市信息（城市规划、人口、特性、交通运输、公共设施、产业结构等）、相关政策法规限制（政府条例、建筑法规、税务法规等）、房地产市场形势（供求状况、产品、竞争情况等）以及相关财务条件（造价水平、房价水平、融资的可能性等）。

房地产项目投资周期很长，部分投资的参数资料或者数据，有些很稳定或连续，而有些经常波动或受经济规律制约而发生周期性变化。因此，在预测市场过程中不能完全照搬其他项目资料，需要以发展的眼光看待各项条件，用定性或定量的方法求证各种可能性。

（3）了解地块基本信息

考虑土地的规模、条件，从区位、交通、周边配套、内部条件、规划指标等方面分析出地块主要优劣势和地块属性特征。

## 链接

### ⬇ 根据信息需求收集评估资料

产品定位是一种信息处理过程,信息入口决定了加工整理后得出的结论范畴和准确度,因此收集资料需要根据信息需求而定,对市场调查之类的大型任务,若没有合适的途径往往要花很大的精力和财力才能取得成果,所以需要对资料本身的价值进行评估,使产品定位作为一个咨询工程具有合理的费效比。

#### (4)确定产品市场定位

确定产品市场定位时,要对主力消费群体做三个层面的分析:消费结构分析、消费者背景分析、消费者行为分析。然后再确定提供满足客户需求、提升客户预期价值的产品。

开发商应思考如何做出市场认知的产品,通过什么途径取得怎样的市场地位。得出这种判断也要分两种情况:

① 如果客户对这个区域很认可,产品定位只要做到符合主流就能被客户接受;

② 如果客户对这个区域不认可,则产品定位就要想办法做一些手段,让客户觉得这种产品是超值的或者具有吸引力。

#### (5)明确好产品概念再规划产品

在研究和考察地块的同时,要始终去思考地块的产品概念,有什么概念可以借用,或者说可以引入什么新的产品概念。在明确了产品概念之后,才能开始思考怎么把产品概念落地,做进产品定位报告里面,然后再通过规划、建筑风格、园林景观、户型等方面让这个概念落地并把它支撑起来。

## 链接

### ⬇ 产品概念的具体落实要通盘考虑

1. 做产品定位时,要充分考虑产品定位与市场上其他同类型产品的差异化和引领,这种差异化和引领可以通过把产品概念落实到具体产品中去的途径让概念落地;

2. 产品定位的时候,要能够通盘考虑,为后面的营销策划在产品推广上打下埋伏。

#### (6)评估并确定方案

在建筑师和策划人员的共同创意下,策划团队不断细化具体目标,完善产品定位方案。这期间会浮现出建筑规划、经营销售、财务能力等众多矛盾，但产品定位的作用就是围绕各种可行的情况去寻找最佳的搭配组合，为形成最后方案做准备。

确定最佳方案及相关执行计划评估时要兼顾市场、财务、规划、管理等各个方面的具体情况，避免相互冲突影响产品定位效果。项目方案的确定取决于政策、规划、财务能力、销售指标的可行性，并且需要满足一定的经济目标。

## 链接

### ⬇ 逐步完善产品定位方案

方案的组成应是渐进的过程，合理的程序是由整体到部分、由外部到内部、由概念到细节。

### 3. 三层次的产品定位程序

产品定位的过程，即在于发掘市场机会，并针对目标市场发展适当的产品，以创造空间价值。所以不论是市场或产品，都是相对的观念，也就是在某种环境条件下，某些产品会比其他产品更恰当，某个细分目标市场会比其他市场更有潜力。因此产品策划人员必须运用适当的方法分析各种环境条件，找出具有相对竞争优势的产品及市场机会。

图 3-4 三层次产品定位程序

所谓产品定位程序的三层次，是依据影响基地的环境范围大小划分出三个因素：市（区）级层次的一般因素、商圈（生活圈）层次的区域因素及基地层次的个别因素。也就是说，三层次定位的思路是：由整体到局部、由表及里地锁定定位。虽然这三个层次都包括待定位的基地，但各层次所比较的对象却不同。

# 第三章 产品定位

划分三层次的目的，是为了明确掌握环境分析与评估范围，以及比较对象。至于在每个层次应如何界定范围如何划分比较区域，应分析、评估哪些产品，就要视产品的具体性质而定。

表 3-2 三层次产品定位内容

| 三层次 | 所指区域 | 区域分析点 |
| --- | --- | --- |
| 区级层次 | 指与项目所在区相当等级或规模的邻近行政区而言 | 市（区）级层次通过环境分析，可以研究确定相对其邻近市（区）所适合的产品及可能吸引的客源 |
| 商圈或生活圈层次 | 指项目所在区区内所划分的数个商圈而言，项目基地必坐落在其中一个商圈内 | 在商圈层次可以比较基地所在商圈的产品优势及市场机会 |
| 基地层次 | 将基地所在的商圈划分为数个区域，基地则属于其中一个区域 | 基地层次则更是具体地确定基地在其所属商圈内的竞争优势（例如，虽然基地所在商圈商业气息浓厚，但基地却位于僻静公园旁，适合住宅产品，其客源则可能来自商圈内其他区域） |

## 第二节　影响产品定位的因素分析

目前的房地产市场里的客户已经对住宅品质有了水准很高的判断力。如何解决人与房之间的科学匹配，如何满足人们不断提升的对房地产品质的需求等问题，要求房地产企业开发项目一定要找出影响产品定位的因素，再针对它做准确定位。

总体来讲，影响产品定位的因素有两种，分不可控和可控，即客观因素和主观因素。

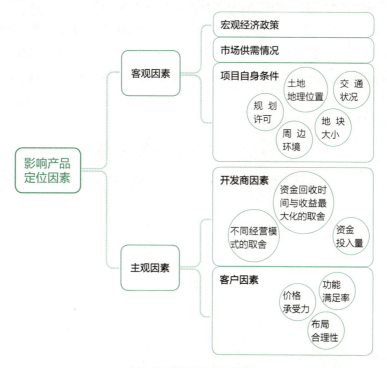

图 3-5　影响产品定位因素图

## 一 客观因素

房地产产品定位深受国家相关房地产法规政策、经济市场环境及项目基地自身情况制约。

### 1. 宏观经济政策

房地产市场的冷与热，很大程度都与宏观经济政策直接相关。正确解读国家调控政策、对经济政策走向进行方向性预测能指导房地产企业依势优先抢占市场先机。比如，国家宏观经济环境，国家地产业的总体发展趋势，国家地产政策的管理导向，国民收入的大概情况，国民的行业偏好及更迭等。

### 2. 市场供需情况

房地产业是一个投入量大、资金占用密集的行业，在运行过程中大多需要银行等金融业的支持，对不动产的基本需求也随着经济形势的变化而呈现波动发展的趋势。一般来讲，办公、商业类用房对经济形势的敏感性较强，而住宅类项目具有一定的需求稳定性。在经济形势不佳或不甚明朗的情况下，为减少风险，往往需要采取一定的措施，例如：产品形态集中在住宅等有较稳定需求的产品，而非写字楼、商场等商业性产品；规划低价产品；设计有附加值的产品。

### 3. 项目自身条件

评估项目自身条件，要充分了解项目地块的以下特点：土地等级、地理位置、周边环境、交通状况、地块大小及该地块所获得的规划许可条件。明确了地块的优劣势，在产品规划设计阶段就可以做有效弥补。

图 3-6 评估项目内容

（1）土地地理位置

不动产特有的固定性，造成了其价值因地域而千差万别的特性。城市土地按等级划分，不同等级表明了土地使用价值的不同。但是不同的等级并不一定与升值潜力直接匹配，还是需要开发商用发展的眼光去寻求地块能获得最大增值潜力的途径。

（2）交通状况

交通对于地块而言，就像人体的血管和器官组织，它决定土地的发展生机，土地要通过它与外界交流，并产生互动。因此，土地所面临的道路性质，对于土地的用途及价值影响很大。

## 链接

### ⬇ 判别地块交通状况要从以下三方面入手

图3-7 判别地块交通状况步骤图

①需要辨别该地交通流量的种类，确定人口活动的性质。

并非所有的道路交通都能带来商业繁荣，临近郊区封闭的高速公路，由于穿行的不便和大量噪音，并不适合规划为住宅区；市区的机动车专用道两侧，用作办公楼或用作商场更为合理。因此合理利用道路特性，能有效发挥地块的最大价值。

②需要确定交通流速及流向，掌握人口活动方向。

对于商业设施来说，人流量与销售业绩有直接的联系，在地铁入口、公交集散地，商业利用的机会较其他地段更大一些。

③需要确定道路系统及联系区域，了解人口活动范围。

同一条道路，连接的社区的功能可能是截然不同的，有的道路属于单线系统，仅限于起点、终点沿线的联系，无法承担大量的人口和产业形态，有些道路则属于网状系统，有可能成为核心型或区域型的连接点，比较容易吸引居住人口。同时，不动产市场的客源也相应更为广泛。

### (3) 周边环境

与房地产项目相关的环境因素包括：周边格局、配套设施、毗邻建筑物的形态以及小区整体形象等。规划为住宅、办公楼或商业设施对环境的要求是不完全相同的。

表 3-3　不同地块对项目周边环境不同需求

| 序号 | 地块性质 | 对项目周边环境要求 |
| --- | --- | --- |
| 1 | 住宅 | 出行方便，教育及日常商业设施完善，安全宁静，有赏心悦目的景致 |
| 2 | 写字楼 | 公共交通发达、地段高档，有成片的商业氛围 |
| 3 | 商业设施 | 公共交通发达、客流旺盛的地域 |

针对不同的地理环境，可以有区分地扬长避短，在某些场合下，如变压站、污染的河流、拥挤的旧区街坊，对于发挥地块的价值，通常都是不利的。

### (4) 地块大小

对土地而言，大规模的土地象征着可塑性高，受周围环境的限制较小，具有较大的塑造产品的空间；而小规模的土地，往往受形状、面积限制，需要采用特殊手法，来满足规划的要求。

表 3-4　不同面积地块规划要点不同

| 序号 | 地块大小 | 规划要点 |
| --- | --- | --- |
| 1 | 大面积地块 | 1. 视地基条件及规模采取分期、分批或分栋规划，以保持产品方向调整的弹性，并降低资金投入的风险<br>2. 善于运用量变与质变的关系，突出小区整体形象<br>3. 配合环境特性及基地规模妥善运用容积率，以掌握距离与高度的效果<br>4. 对不同类型产品整体规划，使之和谐有序 |
| 2 | 小面积地块 | 1. 满足采光条件，尽量避免视觉压抑<br>2. 利用容积率修正地块形状的不足，使建筑占地尽量规整，余地留作停车或绿化<br>3. 针对用途考虑，如商场注重人流、物流通畅，住宅要求日照充裕，需区分对待 |

### (5) 规划许可

目前建设项目的各个环节中，项目规划对项目的具体约束最大，从建筑类型、建筑高度、容积率到日照影响，无一不受规划影响，无一不受其制约。其中容积率指标关系到土地的实际利用率，与项目的经济效益直接相关。

图 3-8 开发土地时需了解的规划条件

进行土地开发时需要了解的规划条件有:

允许建设的建筑类型

如果规定只能做住宅用途便失去了其他的定位空间。

容积率高低

容积率代表土地的利用强度,是土地获利的基础,根据容积率可以大致推算出土地的成本单价,对于项目的经济性有大致了解。

有无高度限制

在某些场合(如古迹区、航空港周围),对建筑物高度的限制约束了平面布局,虽然容积率不低,但只能构造扁平的建筑,对商业用途来讲尚能接受,对于住宅则大为不利。

对于道路、公建设施和绿化等的规划

某些旧区改造工程,道路的拓宽、改建往往包含在开发商的征地范围内,公建设施和绿化率也影响到土地的实际利用率,需要开发商在选择项目时有所了解。

对于不同档次的住宅,其满足客户的需求强弱也是不一样的:

表 3-5 对于不同档次的住宅客户需求强弱表

| 要求类别 | 经济适用类住宅 | 普通住宅 | 高级住宅 |
| --- | --- | --- | --- |
| 对公共交通的依赖性 | 很强 | 很强 | 弱 |
| 对环境噪音的适应性 | 很强 | 强 | 弱 |
| 对人气品质的要求 | 低 | 不高 | 高 |
| 对小区菜场的要求 | 高 | 高 | 不高 |
| 对小区商场的要求 | 很高 | 很高 | 不高 |
| 对物业管理的要求 | 很低 | 不高 | 很高 |

续表

| 要求类别 | 经济适用类住宅 | 普通住宅 | 高级住宅 |
| --- | --- | --- | --- |
| 对容积率的要求 | 高 | 高 | 低 |
| 对建筑覆盖率的要求 | 高 | 高 | 低 |
| 对休闲空间的要求 | 较低 | 不高 | 很高 |
| 对景观的要求 | 不高 | 不高 | 很高 |

房地产产品定位受开发商自身及客户需求等主观因素影响。

### 1. 开发商因素

项目有大小之分，房地产开发企业各有不同，规模大小、主打产品品类及企业自身的发展侧重点及方向都不尽一致。开发商应根据企业自身条件来进行产品定位，确保双赢。

（1）资金投入量

各个城市房地产开发企业的规模、融资能力各不相同。开发项目需要结合自身实力，计算投入总量和资金运转计划，避免发生资金困难导致停工。

（2）资金回收时间与收益最大化的取舍

完成一个稍具规模的房地产项目，动用资金量就达到数亿元。在市场低迷、财务压力较大的情况下，必须妥善处理是以资金回收为主还是获取最大利润的选择问题。

（3）不同经营模式的取舍

能够独立承担开发项目资金压力的企业很少，房地产开发商大多数都以融资形式做项目开发，因此大多数项目在预售时就采取尽可能全部销售的策略。即使销售不佳，也会采取降价方式，业主很少会采用保留以供租赁的途径。但是，随着各个城市里好的地段土地供给量的无法增加，产品一旦售出，再要获取同等的土地难上加难，所以开发商也要把自行经营或出租他人经营的方式纳入到考虑范围内。

### 2. 客户因素

购房者是检验房地产产品市场占有率高低和决定房地产企业生死存亡的关键因素。做房地产产品定位，需要充分考虑购房客户的需求，细分潜在客户市场，做出对口畅销的产品。

（1）价格承受力

对于商品而言，价格是能否为市场接受的最重要因素。产品功能再好，超出了消费者的承受能力，也不会有好的销售业绩。

图 3-9 房地产产品区别于一般商品的特性

（2）功能满足性

不动产的功能是其使用价值，顾客购买房产的目的，纵有保值投资的因素，更主要的是满足居住、办公或商业的需求。有些商用楼，片面追求容积率，忽视了停车位，使顾客因业务往来的麻烦而望而却步。有些住宅，房型布局存在缺憾，如日照不足等，影响了使用要求。在设计构思中，要清楚体现使用者的要求，依据潜在的客户层次，设计相应要求与档次的产品，方能做到适应市场，顺畅销售。

（3）布局合理性

分析多年来建造的住宅，我们可以发现，中国市场上的住宅格局一直发生着变化。

图 3-10 住宅格局变化图

这一方面体现在现代居住要求提高，产品设计的理性变得越来越重要。在同等地段同等档次的建筑中，成本因素一般相差无几，能够对竞争产生直接后果的，往往就是布局的合理性。比如，在布局设计中，也要考虑到客户层次的要求，如一般工薪阶层追求的是得房率，在面向他们的建筑中考虑过多的公共游乐设施（如健身房、咖啡吧）是不合实际的，而且容易产生负面效果。

产品定位是将各种搜集到的信息具体化的过程，房地产项目后期促销策划执行中必须让产品能体现产品的优势。在项目前期，充分地了解掌握市场信息，为产品定位提供必需的分析依据；在定位过程中应遵循一定的方法、原则，考虑到各种影响因素。通过比较各种备选方案，谨慎决策，在后期，要时刻关注市场对产品的反应，提高风险意识，做好"再定位"的准备。

产品价值敏感点是消费者对产品价值要求的具体体现。产品价值敏感点能为消费者带来基本利益和效用，也是构成产品最本质的部分。

产品价值敏感点由产品标准、区域价值、产品规划、景观设计价值、配套设施、物业服务这几部分组成。

图 3-11 产品价值敏感点构成

一、产品标准的内容

**1. 产品功能定位**

产品功能定位是住宅产品定位中的首要环节，也是住宅产品定位中最为重要的一个步骤。住宅产品在设计、开发之前，开发商首先应考虑的是赋予其哪些功能，并以什么样的特色功能来赢得消费者的心。

所谓功能定位就是通过研究目标市场消费者的功能需求，对住宅产品功能进行创新或对原有产品功能进行强化，使本企业的产品功能与竞争产品的功能区分开来，为目标市场消费者提供更多的价值。

功能定位就是功能的种类定位。具体住宅产品功能分类情况见下表：

表 3-6　住宅产品功能分类

| 功能类别 | | 具体细则 |
| --- | --- | --- |
| 基本功能 | 居住功能 | 提供可居住空间，可细分为就寝空间、饮食空间、卫浴空间、起居空间、工作学习空间、储藏空间、健身空间、娱乐空间等 |
| 辅助功能 | 安全功能 | 包含建筑结构安全、建筑防火安全、燃气及电气设备安全、日常人身及财产安全等 |
| | 健康功能 | 包括饮用水质及其它水面水质、室内及室外空气质量、采光、通风、景观、绿化、运动场所、运动设施及有关健康服务等 |
| | 便捷功能 | 包括交通、购物、就医、就学等与日常生活有关的便利性 |
| | 社交功能 | 包括社区公共活动空间、宽带网、会所及社区举办的各种活动等 |
| | 发展功能 | 包括社区提供的或社区附近的学习场所、受良好教育的机会、提供身心健康发展的空间等 |
| | 品位功能 | 包括建筑形态美观性和文化性、建筑外立面色彩及材质的美观性、社区的规划设计及景观设计观赏性、社区会所及其他配套设施档次及文化性、社区文化氛围、品牌、物业管理的档次等 |
| | 享受功能 | 包括上述各种功能及住宅的智能化、社区管理的智能化等 |

住宅产品的户型已日渐成熟，住宅产品竞争已经超越基本功能竞争阶段，进入到辅助功能的竞争阶段。房地产开发商必须把精力集中到辅助功能上，进行正确的辅助功能定位。

## 链接

### ⊕ 住宅产品的商业功能

商业功能的引入除了满足社区的配套服务之外，还有如下重要的考虑因素：可实现较高的开发利润；为小区完善生活配套和服务；营造特色氛围，好比深圳"锦绣中华"的苏州街；对于商业配套服务功能而言，将以小区内部主要道路和外部沿主要干道建设商铺；另外还包括广场式沿街商铺以及内引式街铺之类。旅游休闲功能的增加，将商业步行街变成社区的亮点，成为休闲去处以及达到烘托气氛和造景的效果。

### 2. 档次定位

根据不同的目标消费人群，房地产产品也相应地分为高档、中高档、中档、低档四个档次。

表 3-7　住宅档次类别

| 住宅档次 | 产品形式 | 产品特性 | 目标人群 |
|---|---|---|---|
| 高档住宅 | 普通豪宅及顶级豪宅 | 1. 产品具有唯一性<br>2. 符合客户的个性，满足客户非同寻常的各种需求，特别是精神层面的需求 | 城市里 30% 左右的上等消费者 |
| 中高档住宅 | Townhouse 和别墅类物业 | 高舒适度、高素质、高品位 | |
| 中档住宅 | 花园洋房 | 1. 总价低<br>2. 户型功能齐全<br>3. 外部环境稍差，配套较不齐备 | 白领阶层和工薪阶层 |
| 低档住宅 | 经济适用房、安居房 | 1. 土地成本低，产品要求低，需求量极大<br>2. 批量开发，以中小住房为主<br>3. 交通、学校、菜市是必备配套 | 城市中低收入者 |

## 二 区域价值

区域价值是影响项目核心价值组成的重要因素，在很大程度上影响项目的产品、客群、价格定位等。影响产品定位有多方面因素；地缘性客户的需求是影响产品定位的重要因素；交通条件、区域发展的成熟度、配套资源、环境等区域价值则直接影响项目的价格。

表 3-8　区域价值对产品价值影响力

| 影响类别 | 影响因素 | | 评判标准 | 影响力 |
|---|---|---|---|---|
| 地理位置 | 街道、方位 | | 对产品价值影响不大 | ★★ |
| | 区位功能性质 | 项目所在区域（农业区、工业区、商业区、旅游风景区、行政区、文教区等） | 良好的区位功能对价值影响较大 | ★★★★ |
| | 与城市中心的距离 | 项目处在城市中心区、城区、城乡结合区、郊区 | 距离城市中心越近，土地价值越高 | ★★★★★ |
| 交通条件 | 道路完善度 | 道路等级、路网密度、道路的通达性 | 道路越完善，交通通达性就越好 | ★★★★★ |
| | 公共交通便利度 | 公交、地铁等公共交通设施便利程度 | 公共交通越便利，产品价值就越高 | ★★★★★ |
| | 对外交通便利度 | 到城市各个区域的便利程度 | 对外交通越便利，产品价值就越高 | ★★★★ |
| | 停车便利度 | 车辆停放的便利程度及获得停车位的成本 | 停车便利对产品价值影响很大 | ★★★★★ |
| 区域发展的成熟度 | 商业环境 | 商业结构、生活便利度 | 商业结构越合理，产品价值越高；生活便利程度对产品价值影响很大 | ★★★★ |

续表

| 影响类别 | 影响因素 | | 评判标准 | 影响力 |
|---|---|---|---|---|
| 配套设施 | 公共设施 | 教育设施 | 教育设施数量越多，质量越好，对区位产品价值的影响就越大 | ★★★★★ |
| | | 文化娱乐设施 | 文化娱乐设施越丰富，区位产品价值就越大 | ★★★ |
| | | 体育设施 | 体育设施对产品价值有一定影响 | ★★★ |
| | | 医疗设施 | 医疗设施对产品的影响比较大 | ★★★★ |
| 环境 | 自然环境 | 空气、水、噪声 | 污染越小的区位产品价值越大 | ★★★★ |
| | | 地形、地势 | 地块规则，地势高且平坦的区位价值较大 | ★★★ |
| | | 绿化、景观 | 绿化和景观资源较高的区位价值越高 | ★★★★★ |
| | | 标志性建筑 | 标志性建筑会提升区位产品价值 | ★★★★★ |
| | | 著名景点 | 著名景点和自然保护区会提升区位产品价值 | ★★★★★ |
| | | 周边建筑格局 | 周边建筑风格和品质对区位产品价值有较大影响 | ★★★ |
| | 社会环境 | 人口状况 | 人口密度、结构、素质等状况对区位产品价值影响较大 | ★★★★ |
| | | 文化特征 | 区位文化特征对产品价值影响较大 | ★★★★★ |
| | | 治安环境 | 治安条件对区位产品价值影响很大 | ★★★★ |

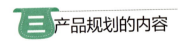

## 产品规划的内容

房地产产品的差异性与个性化主要体现在产品规划方面。它通过总体规划布局、产品形态组合、户型设计、装修标准、智能化等方面体现出来。

图 3-12 产品规划在哪些方面体现

## 1. 总体规划布局

房地产产品规划决定着产品个性与特色,是需要研讨斟酌的问题。房地产产品的规划按性质不同可以分为居住项目和非居住项目两类。

(1)居住项目

居住类项目需要从总体构思、空间关系处理、用地平衡与管网布置、住宅设计的崭新模式这些方面来把握。

随着房地产类产品规划要求逐渐提高,住宅区不但要有特色能进行主题性的诠释,住宅组织结构也要求各具特色。一般而言,组织结构可分为居住区—小区—组团、居住区—组团、小区—组团及独立式组团等多种类型。

表 3-9 三种住宅组织结构

| 住宅组织结构 | 定义 | 人口规模 | 配套情况 |
| --- | --- | --- | --- |
| 居住区 | 泛指不同居住人口规模的生活聚居地,特指被城市干道或自然分界线所围合 | 居住人口<br>(30000~5000 人) | 配建有一整套较完善的、能满足该区居民物质与文化生活所需的公共服务设施 |
| 小区 | 被居住区级道路或自然分界线所围合 | 居住人口<br>(7000~15000 人) | 配建有一套能满足该区居民基本物质与文化生活所需的公共服务设施 |
| 组团 | 被小区道路分隔 | 居住人口(1000~3000人) | 配建有居民所需的基层公共服务设施 |

(2)非居住项目

非居住项目一般指酒店、办公、商业、工业等其他用途的房地产开发项目,在规划设计中通常使用下列指标。

表 3-10 非居住项目规划及设计指标

| 建筑指标 | 概念及要求 |
|---|---|
| 建筑容积率 | 指项目规划建设用地范围内全部建筑面积与规划建设用地面积之比，附属建筑物应计算在内，但注明不计算面积的附属建筑物除外。通常，别墅项目的容积率在 1.0 以下，而普通住宅项目的容积率在 1.0 以上 |
| 总建筑面积 | 指开发项目各栋、各层建筑面积的总和 |
| 建筑密度 | 指项目用地范围内所有建筑物的基地面积之和与规划建设用地面积之比 |
| 规划建设用地面积 | 指项目用地规划红线范围内的土地面积 |
| 建筑高度 | 建筑物室外地面到其檐口或屋面面层的高度 |
| 绿化比率 | 指规划用地范围内的绿地面积与规划建设用地面积之比 |
| 建筑有效面积系数 | 有效面积除建筑面积 |
| 停车位个数 | 1. 行政办公：机动车每 100 平方米建筑不少于 0.3 至 0.5 个泊位，非机动车每 100 平方米建筑不少于 3 个泊位<br>2. 商业、金融、服务业、市场等，机动车每 100 平方米建筑不少于 0.25 至 0.4 个泊位，非机动车每 100 平方米建筑不少于 5 个泊位<br>3. 文化娱乐：机动车每 100 平方米建筑不少于 0.5 至 0.6 个泊位，非机动车每 100 平方米建筑不少于 4 个泊位 |

## 2. 产品形态组合形式

在房地产行业，产品形态组合是指项目中所有产品类型，包括户型、面积等，如别墅、双拼、联排、叠加、复式、多层、小高层。根据对项目经营目标分析，可以从产品组合的宽度、深度、长度和关联度进行最优组合。

表 3-11 目前主要房地产产品形态组合形式

| 组合类型 | 组合含义 | 代表项目 | 项目特色分析 | 产品组合特点 |
|---|---|---|---|---|
| 全线全面型 | 强化产品组合的关联度，开发房地产各类关联性产品以满足市场的需要 | 北京和天津两地的大型综合体，华贸中心、万达广场、泰达时代广场、时代奥城、海河新天地等，其产品包括商业、酒店、写字楼、公寓等 | 地处城市中心位置，为综合性用地，且规模较大 | 此类项目虽然也分商业型综合体、商务型综合体、住宅型综合体，但一般都会兼顾其他类型物业的开发，完整地考虑了产品组合的四要素 |
| 市场专一型 | 指仅开发经营某一种产品，而不在乎产品线之间的关联程度 | 普通住宅项目、商业项目、写字楼项目、酒店项目、别墅项目，这也是市场上最为常见的类型 | 按照所处片区的城市位置和所形成的相应物业聚集度分布，用地性质为单一物业用地，且相对来说规模较为适中 | 在某一特定的专业市场上，其所提供的产品则是分布在此类市场的各个不同区间段，较为丰富。也就是说除了产品组合的关联度较为限定，但兼顾了产品组合的宽度、长度和深度 |

续表

| 组合类型 | 组合含义 | 代表项目 | 项目特色分析 | 产品组合特点 |
|---|---|---|---|---|
| 产品专一型 | 指项目专门开发某一类市场上的某一种产品，而不在乎产品组合的宽度 | 别墅项目和高档住宅项目：150平方米以上，户型功能在3居室以上；投资类住宅项目：120平方米以下，户型功能集中在1居室 | 区域市场的错位经营，规模相对较小 | 在产品相对集中的情况下，为了分散项目操作风险，往往会强化产品组合的长度和深度 |
| 有限产品专一型 | 项目根据市场的特征，集中精力开发有限的产品线以适应有限的或单一的需求市场 | 锁定目标客户群为改善型客户，其产品不一定是130平方米的豪宅，还有可能是一居室或四居室，甚至是错层、跃层和复式，只是每一种产品在长度和深度上有所限制，比如一居室限制在朝向不好的产品，二居室限制面积区间在120平方米。 | | 有限产品专一型关注的是目标客户群的单一和市场单一两个方面，考虑了产品组合的宽度，而忽略产品组合的长度和深度 |
| 特殊产品专一型 | 企业根据自己的专长，开发某些在市场上有竞争力的特殊产品项目 | 天津万科水晶城项目上获得情景花园洋房的专利，很多万科类似的项目上都会将此种产品考虑到产品组合中。还有奥林匹克花园，产品最大特征除将运动的概念引入项目的开发中以外，还有郊区化类别墅的开发 | 企业在某些产品的开发上形成了核心竞争优势 | 力争追求这种具有核心竞争力的产品组合 |

房地产市场上项目产品种类繁多，仅住宅项目户型就有成千上万种。虽然不是开发经营的产品越多越好，但是，项目也不能仅仅开发经营单一产品。项目在确定上述具体产品组合策略时，应该依据不同情况，选择不同动态性产品组合类型。

**链接**

## ⬇ 地产项目产品组合变量

表3-12 地产项目产品组合变量

| 产品组合变量 | 内容概述 | 举例说明 |
|---|---|---|
| 宽度 | 产品组合中拥有的产品大类数目 | 如独栋别墅、联排别墅、多层、高层 |
| 长度 | 整个项目全部物业形态的总数 | |
| 深度 | 一个产品大类下面产品项目的多少 | 如独栋别墅中不同建筑风格的数目 |
| 相关性 | 各类别产品中与其他方面相互关联的程度 | 产品与客户属性、生产条件等方面关联 |

## 3. 户型设计

户型是购房消费者十分关注的内容，房地产开发商需要契合购房消费者的心理需求，合理确定户型面积配比与户型规模。

图 3-13 户型设计的主要内容

（1）户型面积配比

不少发展商往往有这样的经历，陶醉于开盘时迅猛上升的销售业绩后，慢慢地又为其所剩下的背离市场需求的单元套房愁眉不展。这往往说明，这些楼盘在前期规划设计中，在面积配比、格局配比上未能很好地对应清楚市场需求。

面积配比，指的是各种面积范围内分布的单元数，以及在整栋楼房或某个销售单位的单元总数中各自所占比例的多少。恰当的面积配比比例并不是凭主观臆想而要经过对市场深入了解才能得出。

一般来讲，面积配比所对应的是一个总价市场。房屋总价则是消费者购买力水平的集中体现，是区分目标市场最基本的标准参数，因此，理想中的面积配比是应该与目标客源的总价市场相吻合。

# 链接

## 单一产品与丰富产品的面积配比比较

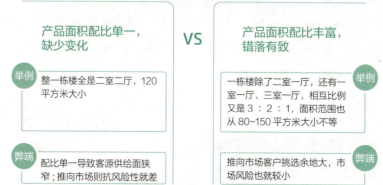

图 3-14 产品面积配比形式利弊图

从经济发展角度讲,依据人们生活水平所定的住宅面积、户室数、设备设施、装修标准等方面不同,住宅户型可分为安置型、实用型、舒适型和豪华型四种。

表 3-13 住宅户型分类

| 住宅户型类别 | 居住对象 | 住宅特点 | 发展趋势 |
| --- | --- | --- | --- |
| 安置型 | 家庭收入少、经济困难,需要国家补助的家庭 | 居住水平较低的住宅类型,户型比较少,公共设施较简陋,造价比较低,居住面积在 50 平方米以下 | 随着人们生活水平的提高会越来越少 |
| 实用型 | 经济收入中下水平的平民百姓 | 经济型住宅,面积在 50~75 平方米之间,住宅设计从功能出发,基本满足人的生活实用要求,寻找有限度较合理的平面格局,一厅两房,装修中档,具备良好的声、光、热居住环境,达到现代化家庭生活配套和居住卫生方便的环境质量目标 | 此类住宅目前数量比例比较大,随着经济的发展,实用型将会逐步向舒适型转变 |
| 舒适型 | 收入较高的白领阶层和比较富裕的家庭 | 符合现代人家庭生活方式,具有舒畅适宜的居住环境,有家庭文明的气息,文化品位较高,装修个性较强,通常面积在 75~100 平方米之间,两房两厅或三房,设施周全景观幽静,家居是一种享受 | |
| 豪华型 | 高收入的金领、企业高层、外资高级人员和比较有声望的人 | 高档豪宅,面积在 100~300 平方米之间,面积大房室多,设备齐全。通常在室内设有健身房、娱乐室、桑拿室、书房等,多为独院、复合式设计 | 室内动静结合,内外分区明确、装修豪华、用料高级,满足高级生活享受需要。这种住宅市场数量暂不会多,但随着外资、高级人员的增加会逐步增多 |

(2)户型规模大小

户型大小一直是困扰开发商产品定位的一个问题,户型面积大小多少合适?既要符合目标人群的需要也要满足开发商对利润的需求。开发商只能根据市场调查数据,实行弹性设计方案,确保双赢。

弹性设计方案包括两个方面内容：

① 户型内部中的弹性设计。

留出一、两室变成三室、四室的可能性。销售时甚至可以是无隔墙的大空间，可以提高使用率，到交楼时提供三种选择，根据客户的需求决定如何分隔。

② 户型与户型间的弹性设计。

某公寓将三室二厅改成两个一室一厅的方案，使客户有很大的挑选余地，极大地扩大市场定位的范围。使大户型与小户型的矛盾不那么尖锐。

## 链接

### ⬇ 确定户型比例要避免两点

具体户型构成比例，应以目标客户群细分来决定。每个楼盘必然有其预期的目标客户群，针对目标客群的不同需求特点，细分出各个特征群体，然后再根据各个群体的购买力、购买目的、购买心理等因素进行研究分析及调查摸底，确定对应的户型具体比例。

**① 户型不宜过杂，战线不宜拉长**

以为户型较多能兼容并满足各种需求的思想是错误的。战线过长，往往无法集中力量去满足某一种需求层次，而且也体现不出楼宇档次和形象定位。

**② 主力户型差异性不宜过大**

主力户型差异性过大势必拉大购房者层次，给物业管理治安造成相当大的难度。不同层次业主各有不同的生活圈，避免交叉，尽量划分各自独立的生活区域。

### 4. 装修标准

现在越来越多的房地产开发商为购买者提供已装修好的成品房。市面上的商品房根据装修情况大致有毛坯房、简装与精装之分。

**毛坯房**

只做基础处理未做表面处理，如粗水泥地面，墙面不刷漆，所有管道预留，灯头面板预留接口。简装只是做了最基础的处理，如水泥砂浆打底预留装修面、墙面顶棚刷腻子，上下水管道预留到位，做灯头面板，无户内门窗。

## 第三节 产品价值敏感点设置

**精装修**

所有部位装修完毕，达到使用标准，但不安装配件如：窗帘及挂件等。

目前大部分开发商都是提供精装修成品房，是否精装修主要看这六方面：厅房系统、厨房系统、卫浴系统、收纳系统、电器设备、内门系统。

表 3-14 装修标准及要求

| 装修系统 | 主要项目 | 主要装修面 | 客户关注点 | 品牌认知度 |
|---|---|---|---|---|
| 厅房系统 | 餐厅、客厅及卧室天地墙 | 地坪地板 | 在于地板的材质和观感 | 不是非常熟悉地板品牌 |
| | | 墙面、顶面乳胶漆 | —— | 一般不会有太多要求 |
| 厨房系统 | 厨房天地墙 | 厨房墙地砖 | 是否防滑，是否易打扫以及外在的美观程度 | 不是非常敏感 |
| | 橱柜 | | 一般客户较为注重外在美以及内部功能是否丰富好用 | 不太敏感 |
| | | | 高端客户首先关注其高端品牌，其次是内部功能 | 更加接受高端品牌橱柜 |
| | 灶具 | 灶具、脱排 | —— | 对品牌和品类较为敏感 |
| 卫浴系统 | 卫生间天地墙、洁具与小五金 | 墙地砖 | 一般客户注重外观与功能 | 品牌上不会做特别的关注 |
| | | | 高端客户注重石材 | 高端品牌 |
| | | 洁具与小五金 | 一般客户会关注品牌 | |
| | | | 高端客户需要顶级配置的洁具，还希望卫生间里配置至少 4 套件功能 | 高端品牌 |
| 收纳系统 | 玄关柜、壁柜、储物柜及衣帽间 | | 收纳系统的数量和功能 | 对品牌一般没有特别要求 |
| 电器设备 | 空调、地暖、净水等电器设备 | | 品牌和种类 | 品牌与种类都有要求 |
| 内门系统 | 所有户内门扇、锁具及踢脚 | 面层材质（PVC或实木皮） | 一般客户能接受 PVC 饰面门扇 | 不关注门和门锁品牌 |
| | | | 高端客户接受实木皮门扇和踢脚 | 有对品牌有一定要求 |

## 链接

### ⬇ 装修级别标准

表 3-15 装修级别标准

| 装修级别 | 费用标准（元/平方米） | 客户群体 | 需求 |
|---|---|---|---|
| A 级 | 2500~3000 | 企业老总 | 全装修房必须要提供一个顶级的生活空间：设备配置必须齐全并且高端；厨房橱柜的品牌比功能更为重要；卫生间则是品牌和功能必须做到尽善尽美 |
| B 级 | 1500~1800 | 企业高管 | 对于厨卫空间功能要求更为丰富；对于电器和设备的品种要求更多；品牌希望提供较为高端产品 |
| C 级 | 1000~1200 | 成熟白领二次置业，3 口之家的可能性较大 | 全装修房的厨卫功能和储藏功能必须要更加丰富和人性化；对于品牌则希望提供中高档产品；喜欢智能化产品 |
| 装修基本标准 | 700~800 | 城市年轻白领、首次置业、以 2 人世界为主 | 看中的是全装修房的省事、省钱，对于全装修的产品要求只是满足基本生活需求即可，对于品牌要求不高 |

### 5. 智能化

智能住宅又称为"智能家居管理系统"，智能住宅的典型终端设备是信息插孔，它通过一个高度集成化的家庭总线系统，将住宅中各种安全措施、信息设备及家用电器连接起来，构成完整的家庭智能系统。

一般家居智能项目分为以下几种，具体情况参看表 3-16。

表 3-16 家居智能情况表

| 类别 | 项目 | 增值分数 |
|---|---|---|
| 家居智能 | 家庭电器远程控制系统（通过网络控制空调、冰箱、洗衣机、电视、微波炉等） | 6 |
| | 室内灯光、音乐、窗帘自动控制系统（通过网络控制灯光，开、关、明、暗） | 7 |
| | 卫星电视 | 4 |
| | VOD 视频点播 | 5 |
| | 宽带入户 | 3 |

续表

| 类别 | 项目 | 增值分数 |
|---|---|---|
| 物业安防系统 | 可视对讲系统 | 0 |
| | 家庭防盗系统（主要的门、窗探测器，煤气报警、紧急按钮） | 1 |
| | BDA 室内监控系统（灵智住宅管家，有液晶操作屏，可看到室内主要区域影像） | 8 |
| | 园区闭路电视监控系统 | 4 |
| | 出入口及车辆的智能管理系统，车辆自动识别准入系统 | 4 |
| | 公共信息发布系统 | 6 |
| | 周界防越系统 | 8 |
| | 园区门禁系统 | 6 |
| 空调 | 中央空调系统 | 6 |
| | 中央加湿系统 | 6 |
| | 中央除尘系统 | 5 |
| 供水 | 户式集中热水系统，24 小时热水系统 | 8 |
| | 直饮水系统 | 3 |
| | 地热温泉入户 | 8 |
| | 太阳能系统 | 8 |
| 环保 | 高效能照明系统 | 10 |
| | 废物回收专用垃圾槽 | 5 |
| | 水循环处理系统/净水系统 | 8 |

## 四 景观设计价值

近年来的房地产经营理念正在快速发生变化，概念地产逐渐出现，如景观主题地产、休闲主题地产、文化主题地产等，房地产从单纯的卖楼盘转向更多地关注环境与文化，倡导社区新的生活方式等，这些理念必须要通过好的景观设计来实现。

好的景观设计主要涉及以下五方面内容：

图 3-15 景观设计的五个方面

### 1. 水景处理

水景是当今住宅区不可或缺的景观元素。通常水景处理对于整体景观效果起到画龙点睛的作用,包括水景布局、落水形式、材料应用、循环处理、灯光照明等都直接影响到最终美学效果的体现。

### 2. 园林建造

园建即园林土建,包括园林建筑(亭、廊等)、墙体、树池、柱、台阶等。景观设计过程务必对包括高差控制、饰面材料、朝向方位、使用功能等方面内容进行综合考虑。

### 3. 地形控制

住宅景观大都需要人工进行地形改造,地形控制直接关系到景观空间的营造甚至影响到整个项目的整体效果,包括地形高度、坡度坡向、植被覆盖、曲线形态等方面的控制。

### 4. 置石艺术

中国江南传统园林中已将置石艺术推到极致。现代住宅景观中包括置石位置、色彩形态、组合方位、质地材料等,也需要精心设计和锤炼。

### 5. 植物造景

植物景观的设计与营造是实现设计意图的重要因素。

植物造景包括植物选配、群落划分、朝向角度、色彩搭配、疏密结合等方面的设计。

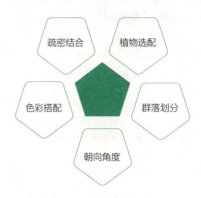

图 3-16 植物造景内容

开发商要有创新的精神，创建自己独特的以及个性化的景观产品线。结合市场的需求以及变化，加强对产品线的合理定位，找到最合适的发展方向。

## 五 配套设施

配套设施首要功能是满足购买者居家的欲望与需要。配套设施对购房者购买决策方面影响比重越来越大。房地产住房产品配套一般包括会所、商业配套、车库等。

越来越多的开发商将通过两个方式把重心放在项目的休闲功能和感官功能之上：

① 加大休闲空间及休闲设备的投入，让人们亲近自然，满足其生理需要；

② 依附得天独厚的自然环境，通过精妙设计彰显购房者身份地位及品位。

### 1. 会所

会所，是以服务社区业主为主的综合服务设施。作为业主生活配套的一部分，会所的规模、功能、服务档次也成为提升楼盘形象和品质的重要卖点。

图 3-17 会所功能设置要达到三个层次

## 2. 商业配套

依据潜在业主对不同配套设施的需求强度差异，社区商业配套可以分为三类：

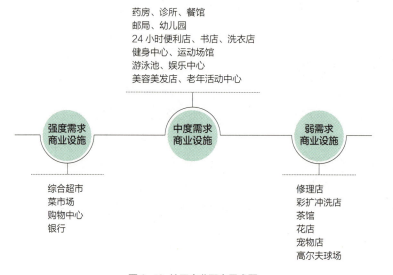

图 3-18 社区商业配套需求图

商业配套可以根据客户定位的需求综合考虑进行配置。

## 3. 车库

在每个家庭备有一车的年代，是否有足够的车位也成为影响潜在购买者决策的一大因素。

开发商合理控制车库面积有助于产品的销售。

## 六 物业服务

物业管理是房地产开发的延伸，从近年的情况看，在房地产开发中将发挥越来越重要的作用，甚至成为企业经营的品牌。优质的物业服务服务，使小区成为高品质的典范，保值增值。

表 3-17 物业服务涉及的服务内容评判指标

| 序号 | 服务内容 | 指标 | 序号 | 服务内容 | 指标 |
| --- | --- | --- | --- | --- | --- |
| 1 | 公共场所、公共设施、设备保洁率 | 100% | 10 | 排水管、明、暗沟完好率 | 98% |
| 2 | 清洁保洁率 | 99% | 11 | 照明灯、庭院灯完好率 | 100% |
| 3 | 绿化完好率 | 98% | 12 | 消费设施、设备完好率 | 100% |
| 4 | 火灾发生率 | 0% | 13 | 红外监控设施设备完好率 | 100% |
| 5 | 小区治安案件发生率 | 1%以下 | 14 | 维修项目质量合格率 | 100% |
| 6 | 服务人员专业岗位合格率 | 95% | 15 | 维修服务回访率 | 100% |
| 7 | 房屋完好率 | 100% | 16 | 投诉处理率 | 100% |
| 8 | 停车位、道路完好率及使用 | 95% | 17 | 业主对物业公司的满意率 | 95%以上 |
| 9 | 化粪池、雨、污水井完好率 | 98% | | | |

## 第四节 产品定位策略及执行技巧

房地产产品定位是个动态的过程,要随着项目进展而适时调整。虽然影响产品定位的因素颇多且复杂,开发商还是可以从中掌握一些产品定位的策略及执行技术。本节从产品定位策略、产品定位技巧这两方面具体阐述。

 提升地产项目产品定位精准度的策略

产品定位是房地产项目中赢得市场的钥匙,并能有效地形成竞争力。房地产开发商应从自身实际情况出发,不断改善产品定位工作。

### 1. 总结过往定位工作的成败并在开发前即做分析

产品定位工作是一项具有科学性、艺术性、创新性的工作,不但需要下工夫,而且要求单位领导层、决策层将知识、智慧、经验凝聚在一起苦心经营。

① 对过去众多的定位工作进行回顾、总结与分析,对成功的定位与失败的定位进行反思,逐步悟出产品定位的要害是什么。

② 对产品定位要进一步审视,产品开发前就事先分析。明确它有什么特色、个性及市场形象,目标市场用户的特定需求是什么,并将它们分别逐项列出。进行"项目满足"分析,能够满足的项目就列出来,不能满足的项目由开发商在产品上下工夫。因此每一个房地产开发项目都应有自己独特的定位,这样才能立于不败之地。

## 2. 抓好市场调查和预测环节

在每一个项目开发之前，都应预测市场的未来发展趋势，并依次分析周边项目的市场调查。在产品定位决策研究的这个重要环节，应在市场调查的准备阶段明确市场调查的内容和目的；在房地产市场调查中合理运用一些调查技术和技巧，在设计调查问卷时必须突出重点、适合消费者心理，便于资料加工和设置一定数量的过滤性问题；同时对已获取的各种信息资料，运用科学的方法和手段，对影响房地产市场发展变化的各种因素进行综合分析，对各种条件下市场发展趋势及其状态进行估计和判断，为评价提供可靠的基础数据。

## 3. 提高产品的性价比

总的来说提高产品的性价比，是房地产项目中最应该注重的。提高了整个项目的性价比，也是间接宣传产品的模式。在项目开发中注重人文环境，以及公共配套设施，并严把质量关，确保项目在各个方面的质量。同时保证空间的合理布局，以及户型的合理安排，户型的设计与空间的合理布局也是项目重要的发展方向。

## 房地产项目中产品定位执行技巧

目前房地产产品定位技巧主要包含容积率配置、公共设施、楼层用途、创造不动产附加值、经济环境变化时的定位技巧。

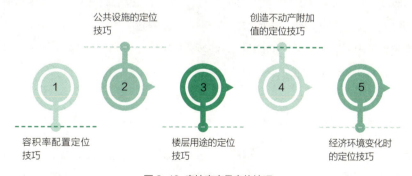

图 3-19 房地产产品定位技巧

## 1. 容积率配置定位技巧

所谓的容积率利用,就是指如何将每块土地的总可建建筑面积(楼地面面积)利用到极致。

同样一块土地,因为目的不同,可能导致不同的容积率利用方式。一般而言,定位者要考虑的原则或目的大抵包括下列五个方面的关系:

(1)**空间价值与容积率利用的关系**

例如商业气息浓厚的区域,一楼店面价值可能数倍于高楼层的价值,因此总可建建筑面积应尽量分配于低楼层;反之,商业气息弱的区域,则可以考虑向高楼层建筑贴近。

(2)**建筑成本与容积率利用方式的关系**

越是高耸或造型特殊的建筑,其营建成本愈高,因此要权衡所增加的成本及可能创造的空间价值,以决定最佳容积率利用原则。

(3)**建筑工期与容积率利用方式的关系**

例如两栋10层的建筑与单栋20层的建筑,前者的施工期将比后者节省许多,而工期将直接影响投资回收的速度及营业的风险。

(4)**市场接受性与容积率利用方式的关系**

例如在高楼层建筑接受意愿不高的区域,若考虑作高层建筑的规划,就要审慎评估市场风险。

(5)**周围建筑物状况与容积率利用方式的关系**

例如处于一片低矮建筑物的区域,则向高层建筑发展,成为此区域的标志性建筑物;或向中层发展,在高度上暂领风骚;或规划低矮建筑,以从众随俗。

开发商应考虑以上各种主、客观限制条件及特定目的后,最后就要正确分配容积率,以使容积率能做最充分、合理的利用。

## 2. 公共设施的定位技巧

在一般购房者观念中,总希望所购买的房子,其公共设施所占的比例愈低愈好,因为公共设施常被认为是虚的,徒有而无益。某些发展商或销售代理公司则为了投消费者所好,诉求高实得率或低公共设施比的广告策略。

就发展商或产品定位者而言,要认清许多公共设施之所以难被购房者接受,是由于设施本身不实惠,或由于设施真正价值没有通过适当方法让购房者充分了解,所以除法定必要设施,需要运用规划力求经济实惠以外,还需要明确辨别下列几种公共设施的功能及效益,才能针对个案性质作合理定位。

图3-20 公共设施的定位技巧

(1)具有保值效果的公共设施

例如宽敞的门厅、走道等,这些设施的积极功能在于确保不动产的价值及未来的增值潜力。尤其对于使用频率高、使用人数多的办公室、商场或小套房等产品,这种公共设施尤其重要。

(2)具有实用性质的公共设施

例如停车位、健身房、游泳池,或公共视听室等。这类公共设施的实惠在于它的公共性,例如任何个人想拥有一个私人游泳池都是奢侈的事,但是通过公共设施的分摊,却使整幢建筑或整个社区的住户都能长期经济地拥有及使用游泳池。

(3)具有收益机会的公共设施

例如地下室的商业空间、停车位,或其他可供非该建筑住户付费使用的设施等。由于这种设施的使用可收取租金或使用费,对于分摊设施的购买者而言,相当于购买有收益价值的长期投资标的,不仅可补贴管理费,同时也较易维护整体建筑的品质,在使用价值高的地段是颇为适当的设施定位。

(4)对环境有改观的公共设施如绿地、花园等

虽增加投入,但这种投入可以从因环境改变物业升值中得到回报。

公共设施的规划将越来越受到重视,产品定位者若能适当掌握各种公共设施的功能,可使公共设施空间发挥"小兵立大功"的作用。

### 3. 楼层用途的定位技巧

不同人对各楼层空间的需求不同，也就是说，各个楼层事实上是不同的市场，具有个别的供需情况、用途特性、交易性质及空间价值等，而这些差异的存在，能给予从事产品定位的人发挥创意的机会。

一幢大楼的立体空间可分成下列四个市场分别考虑它们的定位特性。

（1）顶楼市场

这种产品不论在采光、通风、视野及私密性方面，都比其他楼层更具有得天独厚的条件，又由于每栋楼只有一个顶楼楼层，这种相对稀有性使得顶楼市场常出现供不应求的情况。

（2）门面市场

门面市场通常是指建筑物的一楼至二楼。这种产品的价值在于它与外界环境的临近性（例如临路的店面、办公室），或者有将外界环境内部化的机会（例如拥有庭院的住宅）。这种地利条件及稀有性，使得门面市场的价值不但比其他楼层高，而且还常出现求过于供的现象。

（3）地下室市场

这种产品有时具备独立功能及用途（例如作为商场或停车位），有时则可能成为其他楼层的连带产品（例如作为一楼的私有地下室，或其他楼层的共有设施空间）。

（4）中间层市场

包括建筑物的二楼以上直至顶楼以下的楼层。这个市场各楼层之间的条件差异相对有限，而其所占有的空间比例又最大，因此不动产市场景气与否，多半是指中间层市场的供需状况而言。

## 链接

# ⬇ 充分发挥空间的附加价值的三个注意事项

① 妥善运用规划，以平衡供需失调现象。例如在商业气息浓厚的黄金地段，借助一楼带二楼或地下室合并规划，以增加门面市场的供给量；或顶楼采取楼中楼设计，能满足更多的顶楼市场需求者，都是创造更高价值空间的好方法。

② 明确区分不同楼层市场，以针对需求设计产品。例如门面市场重视临街性，在规划上须注意维持良好动线及联外机会；顶楼市场追求通风、采光及视野等条件，因此须注意栋距、开窗、隔热等设计。

③ 合理利用容积率，以改变传统空间观念。例如拉高建筑物高度，超越邻近建筑物高度；增加高楼层面积，

以塑造"准顶楼"空间（即指与顶楼具备同样采光、通风条件的高楼层）；或利用二叠或三叠规划，使得有天（顶楼）有地（一楼）的空间增加。

### 4. 创造不动产附加值的定位技巧

大多数投资标的都有短线或长线不同的获利操作方式，不动产投资也不例外。通常它包括了土地开发、投资兴建、房屋买卖、房屋出租、房屋经营等时间长度不同的获利途径。对于希望短期获利的不动产投资者而言，除了只图买进卖出、赚取时机价差的方式之外，如果想在有限时间内创造不动产附加价值，以增加投资利益，则须借助有效的产品定位。

（1）改装产品创造附加价值

这种方式常见于旧屋投资市场，也就是买进尚有更新价值的旧建筑物，保留其基本结构，仅作平面格局或外观等的改建，以重新出售获利。这种做法由于投入成本少，工期短，若改建得当，通常能在很短的时间内赚取理想的报酬。

（2）规划需求尚未饱和的时尚品

规划需求尚未饱和的时尚品，在短期内创造高销售率。例如不动产市场不景气时，许多反应快的发展商就推出低总价的套房或二房型的产品，并搭配工程零付款等付款条件，以刺激买气，快速销售完毕。这种做法的效果在于先确定销售成绩再进行施工，可降低财务风险，只是要注意避免吸引太多的投资客户，造成销售率虽高，但退户率或客户不履约付款的比率也高的窘境。

（3）规划短工期的传统产品

规划短工期的传统产品，以节省成本，提高投资报酬。通常工期越长，资金风险越高，而投资回收时间也越久。因此基于投资报酬的考虑，短工期、需求稳定的产品（例如5～7层住宅），通常能兼顾市场接受性及财务可行性，达到短期获利的目的。即使在经济效益上不宜规划短工期的产品，仍应设法运用技术缩短工期，以提高资金效率。

（4）尝试领先市场的创新产品

尝试领先市场的创新产品，以吸收早期开创性的市场。例如有不少个案，将楼层挑高，规划夹层空间，以增加卖点，强化短期销售效果。这些边际产品只要抢得先机，顺利过关，一般都能创造短期投资的利益。

### 5. 经济环境变化时的产品定位技巧

房地产产品定位受整个经济环境及国家经济政策等客观因素影响。面对不断变化的经济环境，开发商应该采取不同的定位策略给予应对。

图 3-21 三种经济环境变化时的产品定位

（1）通货膨胀压力大时的产品定位

不动产市场受通货膨胀的影响尤其明显，因为不动产除了自住自用外，还具有保值、增值的特性，所以在通货膨胀时期，不动产往往成为投资人的首选。就发展商而言，在预售时如果房屋已售出，其可收入的金额已固定，而其营建成本却尚未发生，虽然发包给承建商，营建成本也已固定，但是在营建合约中往往有明确规定，即物价上涨一定成数以上时，营建成本也要跟着调整，使得发展商的营建成本，在通货膨胀时期，面对增加的机会大为提高。

## 链接

### 通货膨胀时期选择产品的注意事项

为避免这种收入固定而成本却持续上涨的不利局面，发展商在通货膨胀时期应慎选产品。选择产品时，应注意下列事项：
① 产品的施工期限不宜过长；
② 产品要以能克服余屋销售压力的设计为主；
③ 针对投资人的保值心理设计产品。
土地除非拆掉建筑物重新再建，否则其数量会越来越少，在稀少性及不可再生性的特性下，不动产产品就越发珍贵，特别是在通货膨胀时期，更应慎选产品，以免浪费土地资源。

（2）市场不景气时的产品定位

不动产交易虽受许多政治、经济、法令规章等因素的影响，但对于从事投资兴建的发展商及拥有土地使用权的地产主而言，最为其所关注的还是市场交易的热络程度。

如何通过产品定位以应对市场不景气？也就是接受不景气这个事实，并尽可能掌握其现象，以归纳出在实务上可供参考的产品定位原则。

一般而言，买卖双方对景气的看法越有分歧，则市场越活跃。唯有对未来的预期有人乐观，有人悲观，市场才容易活络。

## 第四节 产品定位策略及执行技巧

① 发掘潜在的目标市场

除了因为越是不景气，销售风险越高之外，潜在购买者渐趋保守与理性，也使得目标市场的界定显得更为必要。一旦确定了目标市场，就可以进一步分析何种因素可以强化目标市场客户的购买意愿：是具竞争力的低价格，是产品的独特设计，还是诉求工期长的轻松付款条件？需要特别留意的是目标市场的核心需求，也就是客户真正的需求是什么，才能根据这个基础，发展突破不景气市道的适当产品。

② 运用适当的方法

事实上，没有一种产品是无往不利的市场灵丹妙药。运用下面这些方法，有助于避免不景气的冲击，甚而可能积极地透过产品定位创造市场佳绩。

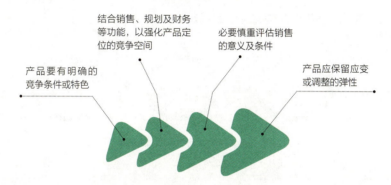

图 3-22 市场不景气情况下产品定位应对方法

（3）财务压力大时的产品定位

不动产投资需要巨额资金。资金不充裕的发展商，在土地买进到竣工交房这一段期间，一直要承受资金压力，尤其在销售成绩不理想的情况下，更是要大费周折，才能渡过资金周转的难关。

对于财务压力大的发展商而言，在进行产品定位时，应注意下列事项：

① 产品规划以顺销产品为主。

② 产品设计以简单楼房为主。

③ 产品定位要能克服市场低迷及余屋销售的压力，规避套房产品设计。

④ 对于需长期开发的产品，要审慎评估，不宜贸然投资。

## 第五节 其他品类的产品定位策略

新时代综合性大盘中除了住宅配套,还有商业配套、酒店、写字楼等品类。这些类别的产品有什么特性?该如何把握住这些类产品定位?

图 3-23 综合性大盘中其他品类房地产项目

商业配套

近年来,商业配套在新时代综合性大盘中的所占分量越来越大。高端商业配套的营造,也已经成为大盘提升产品附加值的重要手段。

### 1. 商业配套定位思路

大盘中商业配套产品定位首先要依附整个项目定位,再结合业态特性进行规划。具体可以按三步走。

**解读项目特征**

了解项目整体定位及确切含义、把握商业部分开发体量及预设整体特色、确定商业体系在整个项目中的地位及独特风格。

## 第五节 | 其他品类的产品定位策略

**建立商业体系开发策略**

开发策略不仅是对开发节奏的把控，也包括对产品组合形式及呈现方式的要求。

**建构商业体系（市场调研论证体系的合理性）**

构建商业体系首先要植入一个完善的商业运营模式，明确通过何种方式能达到目标。再分析项目的核心诉求，用事实案例论证配套产品定位。在构建商业体系期间，要对市场调研目标消费群（容量、消费行为和消费心理）、目标商户（目标商户的认知度、市场预期）、其他项目商业体系情况进行体系论证。

## 链接

### ⬇ 商业配套应遵循的原则

商业配套应遵循的原则。

项目功能发展具有动态性，大盘中的商业配套必然需要符合整个项目的发展趋势。

### 2. 商业配套在大盘中的作用

**（1）满足住户需求**

大盘的商业配套，主要以社区内及周边社区居民为服务对象，以便民、利民、满足和促进居民综合消费为目标，提供满足居民生活、购物、休闲、娱乐、文化等需要的商业形态。

**（2）提升品牌形象**

随着综合大盘的陆续开发，商业配套在促进项目销售、提高楼盘品质、营造生活氛围等方面发挥着重要作用。

二 酒店

大盘中的酒店基本上是靠招商引进品牌酒店，也有部分项目是由开发商自己组建酒店。

对于品牌酒店，就得根据项目定位及需要进行选择；而对于开发商自建自营的酒店，就得综合考虑项目条件、项目定位、资金、市场、酒店规划、运营盈利模式等方面。下文着重阐述自建自营型酒店定位。

## 1. 酒店产品定位方法

酒店产品定位的方法可以归纳为以下几种:

图 3-24 酒店产品定位方法

（1）根据属性和利益定位

酒店产品本身的属性以及由此获得的利益能够使顾客体会到它的定位。如酒店的"豪华气派"、"卫生和舒适"等，这种定位方法，酒店往往强调产品的一种属性，而这种属性常没有被竞争对手顾及到。

（2）根据质量和价格定位

价格与质量两者变化可以创造出产品的不同地位。在通常情况下，质量取决于产品的原材料或生产工艺及技术，而价格往往反映其定位，例如人们常说的"优质优价"、"劣质低价"正是反映了这样的一种产品定位思路。

（3）根据产品用途定位

发扬同一个产品项目的各个用途并分析各种用途所适用的市场，是这种定位方法的基本出发点。同样是一个大厅，它可以作为大型宴会、自助餐的场地，也可以当成会议大厅接待各种会议。酒店可以根据其不同的用途，在挑选出来的目标市场中，分别树立起不同的产品个性和形象。

（4）根据使用者定位

这是酒店常用的一种产品定位方式，即酒店将某些产品指引给适当的使用者或某个目标市场，以便根据这些使用者或目标市场的特点创建起这些产品恰当的形象。许多酒店针对当地居民"方便、经济、口味丰富"的用餐要求,开设集各地风味为一体的大排档餐厅,便是根据使用者对产品的需求而进行的定位。

(5)根据产品档次定位

将某一产品定位为其相类似的另一种类型产品的档次,以便使两者产生对比。例如一些酒店将自己客房产品的档次设定为与某一家公众认可的好酒店的客房档次相同,以求使顾客更易于接受他们的产品。这种做法的另一个方面是为某一产品寻找一个参照物,在同等档次的条件下通过比较,以便突出该产品的某种特性。

(6)根据竞争定位

酒店产品可定位于与竞争直接有关的不同属性或利益。例如酒店开设无烟餐厅,无烟意味着餐厅空气更加清新。这实际上等于间接地暗示顾客在普通餐厅中用餐,其他人吸烟会影响到自己的身体健康。

(7)混合因素定位

酒店产品定位并不是绝对地突出产品的某一个属性或特征,顾客购买产品时不单只为获得产品的某一项得益,因此,酒店产品的定位可以使用上述多种方法的结合来创立其产品的地位。这样做有利于发掘产品多方面的竞争优势,满足更为广泛的顾客需求。

## 2. 酒店产品定位步骤

酒店产品定位要达到的主要目的就是使顾客能够将本酒店与其他竞争对手区别开来。为实现这一目的,通常必须开展以下三方面的工作:

(1)明确项目定位,了解项目诉求

酒店作为大盘中的配套,旨在丰富项目综合功能,提升项目品牌形象。了解整个项目的定位,有助于确定酒店产品定位。这是酒店产品定位必不可少的第一步。

(2)分析同类产品,确定竞争特色

依附着大盘体系,明确酒店所扮演的功能角色,分析同类产品优劣势,确立产品优势。

(3)审时度势,适时调整产品定位

当整个项目要求发生变化时,酒店应根据变化,对本酒店产品进行定位调整甚至重新定位。

## 链接

### ⬇ 酒店产品定位需考虑的因素

在做出定位调整或重新定位决策之前，酒店应考虑以下一些因素：

酒店要准确计算好自己的产品定位从一个目标市场转移到另一个目标市场的全部费用及产品定位在新的位置上时，回报率多高。

收益的多少取决于目标市场的购买者和竞争者的数量，其平均购买率有多高，在目标市场中酒店产品的销售价格能定在什么水平上。

酒店应将收、支两方面的预测进行认真的逐一比较，权衡利弊得失，然后再决定是否将本酒店产品定位在新的位置上，避免仓促调整，造成得不偿失的局面。

### 3. 酒店在超级大盘中的作用

（1）强化品牌形象

高档酒店品牌效果明显，物业形象好，口碑佳，对于郊区大盘品牌塑造具有特殊的意义，是住宅等其他物业所无法比拟的，这也是万科、碧桂园等很多开发商钟情于酒店的原因。

（2）满足住户需求

星级酒店作为会所的升级，对内服务于社区居民，为业主带来生活上的便利，对外可以广纳客源，接待商务客户。

（3）减轻现金压力

酒店日常经营性现金流大，而且酒店当年的折旧费用、无形资产摊销等都可以产生现金流。自建酒店还可以随时向金融担保机构抵押贷款，成为房地产企业开发临时资金的"蓄水池"。

## 写字楼

在综合体众多商用项目中，写字楼因为集多重价值于一身而备受个人和机构投资青睐。写字楼除了受益于大好的市场环境外，更重要的是其价值增长点"内外兼备"，成为投资追逐的焦点。综合体中的写字楼定位既要与整个综合体的档次品质保持一致，也要符合客户需求。

## 第五节 | 其他品类的产品定位策略

### 1. 产品定位流程

写字楼产品定位流程跟住宅项目定位流程大抵相似，通过分析市场、客户需求确定产品档次，再进行相应的产品规划。

### 2. 档次定位

就我国办公楼市场而言，一般分为高档物业（顶级写字楼、甲级写字楼）、中档物业（乙级写字楼）、低档物业（丙级写字楼）。

表 3-18 写字楼档次划分表

| 档次划分 | | 楼宇品质 | 建筑规模 | 客户进驻 | 物业服务 | 交通便利 | 所属区位 | 智能化 |
|---|---|---|---|---|---|---|---|---|
| 高档物业 | 顶级写字楼 | 建筑物的物理状况和品质均是一流，建筑质量达到或超过有关建筑条例或规范的要求；建筑物具有灵活的平面布局达到70%的使用率；楼层面积大，大堂和走道宽敞，从垫高地板到悬挂顶棚的净高度不少于2.6米 | 超过50000平方米 | 国外知名公司的租户组合；知名的跨国、国内外大公司、财团 | 由经验丰富的一流知名品牌公司管理，配备实用的计算机物业管理软件，实现办公物业管理计算机化，建立办公管理信息系统，物业各系统实现连通和统一的管理，24 小时的维护维修及保安服务 | 位于重要地段，极佳的可接近性，临近两条以上的主干道，有多种交通工具和地铁直达 | 位于主要商务区的核心区 | 3A ~ 5A |
| | 甲级写字楼 | 建筑物的物理状况优良，建筑质量达到或超过有关建筑条例或规范的要求；其收益能力能与新建成的办公楼建筑媲美 | 1~5 万平方米 | 有知名的国内外大公司，客户大多是进行研发、技术服务、电子商务或知名品牌代理等方面的业务 | 由经验丰富的知名公司管理，完善的物业管理服务，包括 24 小时的维护维修及保安服务 | 有多种交通工具直达 | 位于主要商务区或副都心区 | 3A 及 3A 以上 |

续表

| 档次划分 | 楼宇品质 | 建筑规模 | 客户进驻 | 物业服务 | 交通便利 | 所属区位 | 智能化 |
|---|---|---|---|---|---|---|---|
| 中档物业 | 乙级写字楼 | 建筑物的物理状况良好，建筑质量达到有关建筑条例或规范的要求；但建筑物的功能不是最先进（有功能陈旧因素影响），有自然磨损存在，收益能力低于新落成的同类建筑物 | 无限制 | 客户多为国内的中小公司，从事销售代理、产品研发 | 有物业公司服务 | 有交通线路到达，交通较方便 | 副都心或较好的城区位置 | |
| 低档物业 | 丙级写字楼 | 物业已使用的年限较长，建筑物在某些方面不能满足新的建筑条例或规范的要求；建筑物存在较明显的物理磨损和功能陈旧，但仍能满足较低收入承租人的需求 | 无限制 | 客户多为国内的中小公司，从事销售代理、产品研发 | 有一般性的物业服务，如卫生、收发、值班 | 有交通线路到达 | 一般城区位置 | |

### 3. 写字楼车库配比

投资写字楼，即选择物业所在的路段或区域。不过，写字楼的车位配套更不容忽视。

目前车位紧缺是写字楼物业的普遍通病，也是制约其价值增长的顽疾。只有"按办公面积配比车位"才是高端写字楼的最佳配置。

据了解，这种"按办公面积配比车位"已是国际高端写字楼的通行标准。

写字楼的车位配比按照办公面积来算，如每 100 平方米的建筑面积配备机动车位的指标是 0.5 个，甚至 100 平方米 1 个车位。办公面积越大，公司职员越多，对车位的需求自然越大；而人少的企业，办公面积自然小，对车位的需求自然少些。

**案例** | 某顾问公司住宅产品定位方法

# 某顾问公司住宅产品定位方法

该公司认为,产品定位依托于四大基点,以此为定位点才能在营销活动中准确地向消费者传递信息和创造价值。

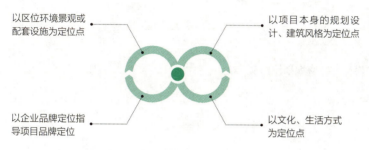

图 3-25 某顾问公司产品定位四大基点

## 一、以区位环境景观或配套设施为定位点

区位是指某房地产项目与其他房地产或事物在距离上的关系。区位除了地理坐标位置,还包括与其他重要场所的距离,从其他地方往返该项目的便捷性,该项目的周围环境、景观等。

根据项目所处区位做的定位,要突出项目所在的区位优势。

表 3-19 区位因素判断标准

| 划分标准 | 判断因素 | 具体内容 |
| --- | --- | --- |
| 按区位内投资环境存在的范围划分 | 宏观区位因素 | 指一个国家的投资环境 |
| | 中观区位因素 | 区位的经济发展水平、社会购买力水平、自然资源条件、基础设施状况、竞争状况等 |
| | 微观区位因素 | 指具体场所的自然经济及社会条件,如该地块的基础设施条件,地质、地貌、水文条件,配套设施及环境等 |
| 按区位的软硬划分 | 硬区位因素 | 主要包括交通运输、邮电通信、能源、给排水等基础设施;商业网点、文化娱乐设施、医疗卫生及其他服务等配套设施;地质、地貌、水文、植被、山川、气候等自然地理状况 |
| | 软区位因素 | 指各种社会政治、经济、文化等条件 |
| 区位因素影响房地产价格 | 住宅区 | 居民选择住宅时,十分关心生活是否方便和生活环境是否良好,尤为重要的是离市中心的距离、交通状况、有无危险或污染设施及邻里情况等 |
| | 商业区 | 影响最大的因素是收益状况 |
| | 工业区 | 最重要的则是动力、水源和运输条件 |

## 二、以项目本身的规划设计、建筑风格为定位点

如果项目所处的地理区位一般，则要更多地从产品上考虑营造优势。产品规划设计应把经济效益、环境效益和社会效益结合起来，营造最佳居住环境、工作环境，使项目规划达到目标功能、环境功能、社会功能的要求。

### 1. 规划总体构想符合房地产规划技术以及项目要求

以居住区为例，应以人为中心，规划设计应将改善城市面貌作为一个重要方向，要注意建筑群体因地制宜，形成高质量、高品质的生活居住和文体活动环境。对居住区规划，要满足其使用、卫生、安全、景观、经济、生态建筑要求。

### 2. 建筑设计与环境规划相协调

处理好建筑设计与规划环境的关系是规划管理的一项原则。现在的建筑设计，往往着眼于单体建筑的外观形象，对于同周围环境的关系视而不见，都想表现自己、宣传自己，单体环境与群体环境不协调，群体或街景杂乱无章。

### 3. 用地的分配反映土地使用的经济合理性

用地要平衡，管网布置要满足功能要求。房地产项目的建成投入使用质量的高低，主要看综合效果。

## 三、以文化、生活方式为定位点

随着一些城市居民的收入、生活水平的提高，消费者对于住宅的要求，已不单纯停留在房子本身上，而更注重的是精神生活上的舒适。

### 1. 文化定位应在顾客心目中形成竞争优势

文化定位是企业和顾客通过沟通渠道进行互动沟通的结果，最终反映为目标顾客对楼盘项目建立起的一个独特的、有价值的联想。文化定位并不仅仅是对项目本身做些什么，还包括在目标顾客的心目中做些什么。个性化的文化定位一旦在顾客心目中确立，往往是独立的、持久的，这就要求企业开发初始就一定要对房地产文化进行特色定位。

### 2. 文化定位必须与企业品牌形象相匹配

文化定位必须与企业自身的使命目标、品牌形象相匹配。房地产文化定位受开发商的文化底蕴和对房地产文化理解的影响，同时也受到开发企业的使命目标、企业形象、内部实力和经营战略等因素的综合影响。

## 四、以企业品牌定位指导项目品牌定位

该模式是直接建立一个强有力的企业品牌，以统率旗下的项目品牌。但是企业品牌不同于项目品牌，它更多地要考虑长期的建设，可能比较难以取得短期经济上的收益，而且一旦确定，再想修改就比较困难。

企业品牌一旦形成，它就是一种企业形象的树立，更有利于项目品牌的推广，也能带来更大的效益。

一个房地产企业往往会涉及很多不同类型的项目，这就需要对于旗下的所有品牌进行系统管理，使得每一个项目品牌都有一个明确的角色，不仅本身就能够带来效益，且在与其他项目品牌互动中形成一种整合力量。

建立项目品牌之间联系的关键，除了要分清不同层次的品牌以外，还要找到能够让各项目品牌相互联系的内容。如何实现企业品牌与项目品牌的互动，建立统一的企业品牌定位形象，关键是要挖掘出各不同楼盘中的共性的东西，使品牌传播能持续一致。比如一家房地产企业的核心识别是和谐的社区、优质的物业管理，那么这种识别就在各种项目中都是可行的，它可以成为项目或项目品牌之间联系的桥梁。

## 链接

### ⬇ 确定企业品牌定位系统的四大注意点

① **利用共同特性产生整合力量。**

通过品牌定位之间的关联性、共同风格或对品牌标识的某种相关性，使品牌系统产生整合力量。

② **减少项目品牌定位之间的内耗。**

不能让企业各品牌在市场竞争中相互伤耗，同一个品牌名称，一会儿用于低档的经济适用房，一会儿又用于高档的别墅项目，这会使消费者无所适从。在品牌定位系统下，任何一个品牌的执行都必须考虑整体系统的效益。

③ **企业所有品牌的定位都需要适应外部环境因素的变化，以使整个系统处于良好的运转状态。**

④ **合理分配企业资源。**

每个项目品牌的创建以及维持都需要企业资源的支持，在品牌系统目标下，对每个项目品牌的营销都要考虑其对整个系统的影响，而不能局限在单个项目品牌的收益上。

# 第四章
## Chapter Four

# 形象定位——以何种整体形象打动人

房地产形象定位是一个项目的核心和浓缩，也是项目总体营销中线、面、体的基点，所以推广可以由此展开、发展，可能达到点石成金的效果。同时形象又是建立在项目的品质基础之上，在很大程度上，房地产形象定位是以建造为本体，以人文为灵魂，指导全程营销推广的灵魂。

# 第四章 形象定位——以何种整体形象打动人

## 第一节 项目形象定位概述

项目形象定位亦指项目的品牌形象定位，它是项目在消费者心中留下的印象以及联想。它不是开发商为自己产品随心所欲定的什么形象，而是顺应消费趋势、消费心理、消费追求，是消费者向往的"心理"定位，在消费者心里树立起产品的形象，让消费者喜欢、认同并追求，并与消费者自己身份相匹配，使之成为住在该小区的业主一张尊贵的"名片"。

项目的形象定位是要在广告宣传中反复出现的，是开发商需要极力强调和渲染的，也是项目在广告宣传以后，消费者心目中留下的形象。它首先承担着表现产品、告之信息和塑造形象的功能，最后达到促进销售的目的。它是开发商要在消费者心目中塑造的东西，具有更多人文的或形而上的意味。

做项目形象定位也就是把项目本身最独特、最闪光、最富有诗意的东西提炼出来，予以人文化，带给人很多美好的向往，让人不仅仅依恋房子，还会更深层次地对生活环境、生活方式、生活韵味产生憧憬和想象。

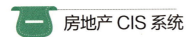

## 一、房地产 CIS 系统

CIS 系统（Corporate Identity System）即企业形象识别系统，是企业大规模化经营而引发的企业对内对外管理行为的体现。

CIS 作为企业形象一体化的设计系统，是一种建立和传达企业形象的完整和理想的方法。企业 CIS 可使用在办公系统、生产系统、管理系统、经营、包装、广告等系统里，以形成规范化设计和规范化管理。这是企业的一体化的符号形式，能建立起企业与众不同的个性形象，并让企业产品在同行中与其他同类产品区别开，对于帮助企业创造出品牌效应，占有市场可以发挥很明显的作用。

表 4-1 CIS 三大子系统

| 英文 | 中文 | 与 CIS 关系 | 在 CIS 中的地位 |
|---|---|---|---|
| MI | 理念识别系统 | 核心和原动力 | 是其他子系统建立的基础和依据 |
| BI | 行为识别系统 | 动态识别形式 | 以 MI 作为核心和依据 |
| VI | 视觉识别系统 | 静态识别系统 | 是企业理念精神和行为规范的具体反映，它是最直观、最具体、最富于传播力和感染力的子系统 |

### 1. 理念识别系统（MI）

理念识别（MI）是 CIS 的基本精神所在，也是 CIS 运作的原动力。

MI 具体包括房地产开发商的开发理念、房地产项目的总定位和分解定位，如果作为品牌开发商，MI 还包括品牌本身的内涵及其延伸以及未来的发展方向和发展目标。

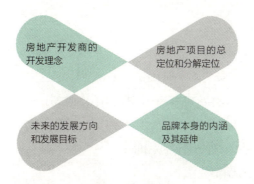

图 4-1 MI 的内容

理念识别是项目的中心，它是项目做定位，楼盘规划、建筑设计、景观设计和配套等的前提和依据，也是广告整合的主线，能保证企业品牌形象的有条不紊。

用一句凝练的口号式语言来体现企业的发展目标，这个问题看似简单，却必须动脑筋去想，一定要保证概括出一句最有代表性的语言，否则就不得要领。

因此，房地产企业首先要提出自己的理念，这个理念必须有非常明确的定位，即企业要做什么样的产品。在房地产开发的过程中，品牌营造更显得极其重要，客户对品牌的信赖度对销售的作用举足轻重。企业要对品牌定位，企业的定位就要通过非常有说服力的方式告之大众。

### 2. 行为识别系统（BI）

BI 行为识别是 CIS 的主导，是 MI 理念的具体反映，房地产企业的定位、经营理念和未来发展目标都需要扎扎实实的付出和踏踏实实的行为识别工作来加以保证和体现。行为识别通过企业一整套的特有模式，达到企业内部共识，使企业内部产生整体性和一致性。同时向外展示企业、品牌和项目的魅力，以获得社会大众的认同和好评。

（1）行为识别系统的内容

行为识别的内容极其广泛。对内的主要有企业的基本制度（包括组织制度、部门职责、岗位说明书、人事制度等等）、程序制度（策划、设计、建设、销售、财务、广告整合等跨部门的接口制度）和标准制度（员工守则、技术标准、环境标准等）。对外主要有市场调查、公关活动、公益慈善活动、社会文化活动、促销活动、新闻发布会、展览会、组织论坛等。导入行为识别的系统目的就是调整、完善企业的所有活动，使其规范化、契约化，充分体现理念内涵。

（2）行为识别系统的策略

从沿海房地产企业的实践经验来看，主要包括注重市场细分和注重全方位质量名牌策略两方面内容。

① 注重市场细分

选择正确的目标市场和优势区位将市场细分，可以使企业集中人力、财力、物力投入到最有效的目标市场，从而在市场竞争中占有优势。包括选择地理区位、房型、装修档次、消费者身份、收入和偏好等。其中区位的选择和档次的选择最为重要。一般地说，有实力的施工企业投资房地产选择良好区位和较高档次标准对树立名牌房地产形象较有利，以后即使进入中低档房地产市场，由于其品牌价值也会较为顺利。

② 注重全方位质量名牌策略

良好的房地产质量是房地产形象战略实施的前提和基础。房地产企业在立项可行性研究后，从设计、施工、建材、监理聘请等各个方面实施全方位名牌策略，即选择知名设计师、知名建筑商和知名品牌的建筑设备材料和严格权威的监理机构，做到真正让用户放心、满意。

### 3. 视觉识别系统（VI）

视觉识别就是从企业或项目的外观着手对企业形象中的视觉因素进行全面、统一的设计，它包括名称、标志、标准字、造型等基本要素和办公事务用品、广告、环境应用等要素。VI 视觉识别是 CIS 的包装，其最根本的职能是识别，所以要求视觉冲击力强，个性鲜明。

VI 设计各视觉要素的组合系统因企业的规模、产品内容而有不同的组合形式。通常最基本的是企业名称的标准字与标志等要素组成一组一组的单元，以配合各种不同的应用项目，各种视觉设计要素在各应用项目上的组合关系一经确定，就应严格地固定下来，以期达到通过统一性和系统化来加强视觉祈求力的作用。

VI 设计的基本要素系统严格规定了标志图形标识、中英文字体形、标准色彩、企业象征图案及其组合形式，从根本上规范了企业的视觉基本要素。视觉基本要素系统是企业形象的核心部分，包括：企业名称、企业标志、企业标准字体、标准色彩、象征图案、组合应用和企业标语口号等。

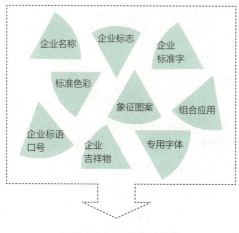

图 4-2 VI 设计的基本要素

（1）企业名称

企业名称与企业形象有着紧密的联系，是 CI 设计的前提条件，是采用文字来表现的识别要素。企业名称的确定不仅要考虑传统性，还要具有时代特色，确定企业名称至少有如下要求：

① 必须要反映出企业的经营思想，体现企业理念；

② 要有独特性，发音响亮并易识易读；

③ 名字文字要简洁明了，同时注意国际性，以避免外语中的错误联想；

④ 表现或暗示企业形象及商品企业名称，应与商标，尤其是与其代表的品牌相一致，也可将在市场上较有知名度的商品作为企业名称。

（2）企业标志

企业标志是特定企业的象征与识别符号，是 CI 设计系统的核心基础。企业标志就是用简练的造型、生动的形象来传达企业的理念和产品特性等信息。标志设计有三个要求：要具有强烈的视觉冲击力，要表达出独特的个性和时代感，能广泛地适应各种媒体、各种材料及各种用品的制作。其表现形式可分为：

① 图形表现，包括再现图形、象征图形、几何图形；

② 文字表现，包括中外文字和阿拉伯数字的组合；

③ 综合表现，包括图形与文字的结合应用。

企业标志要以固定不变的标准原型在 CI 设计形态中应用，设计时必须绘制出标准的比例图，并表达出标志的轮廓、线条、距离等精密的数值。其制图可采用方格标示法、比例标示法、多圆弧角度标示，以便标志在放大或缩小时能精确地描绘和准确复制。

（3）企业标准字体

包括中文、英文或其它文字字体，标准字体是根据企业名称、企业牌名和企业地址等来进行设计的。

标准字体的选用要有明确的说明性，直接传达企业、品牌的名称并强化企业形象和品牌祈求力，可根据使用方面的不同，采用企业的全称或简称来确定。字体的设计也有一定的要求：

① 字形正确、富于美感并易于识读；

② 字体线条粗细处理和笔画结构上尽量清晰简化和富有装饰感；

③ 设计时要考虑字体与标志组合时的协调统一；

④ 对字距和造型要作周密的规划，注意字体的系统性和延展性，以适应于各种媒体和不同材料的制作，适应于各种物品大小尺寸的应用。

企业的标准字体的笔画、结构和字形的设计也可体现企业精神、经营理念和产品特性，其标准制图方法是将标准字配置在适宜的方格或斜格之中，并表明字体的高、宽尺寸和角度等位置关系。

（4）标准色彩

企业的标准色彩是用来象征企业并应用在视觉识别设计中所有媒体上的指定色彩。透过色彩具有的知觉刺激于心理反应，可表现出企业的经营理念和产品内容的特质，体现出企业属性和情感，标准色在视觉识别符号中具有强烈的识别效应。

企业标准色的确定也有具体的标准：

① 要根据企业的行业属性，突出企业与同行的差别；

② 要创造出与众不同的色彩效果；

③ 是以国际标准色为标准，不宜使用过多颜色，通常以不超过三种颜色为宜。

（5）象征图案

企业象征图案是为了配合基本要素在各种媒体上广泛应用而设计的，在内涵上要体现企业精神，引起衬托和强化企业形象的作用。通过象征图案的丰富造型，来补充标志符号建立的企业形象，使其意义更完整、更易识别、更具表现的幅度与深度。

（6）组合应用

组合应用即是对企业标志、标准字、标准色等基本要素组合起来进行运用。为使企业建立统一的视觉识别体系，并适应于各种不同媒体和场合上的应用，应设计出一套规范化、系统化、统一化并综合各种基本要素的富有延展性的组合模式，其中包括各种要素组合时的位置、距离、方向、大小等组合规范，所有组合形式都是以标志各部分的宽度为模式组成单元。当组合模式的编排确定之后，为方便制作和使用，确保企业视觉识别的统一性和系统化，要绘制出组合的结构图。

（7）企业标语口号

是企业理念的概括，是企业根据自身的营销活动或理念而研究出来的一种文字宣传标语。企业标语口号的确定要求文字简洁、朗朗上口。

（8）企业吉祥物

企业吉祥物是以平易可爱的人物或拟人化形象来唤起社会大众的注意和好感。

（9）专用字体

专用字体即是对企业新使用的主要文字、数字、产品名称结合对外宣传文字等，进行统一的设计。主要包括为企业产品而设计的标识字和为企业对内、对外活动而设计的标识字，以及为报刊广告、招贴广告、影视广告等设计的刊头、标题字体。

## 做好项目形象定位的前提

为项目做形象定位建立在充分认识项目的基础上，做好项目形象定位有以下 4 个前提条件。

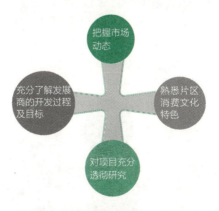

图 4-3 项目形象定位的 4 个前提

## 1. 充分了解发展商的开发过程及目标

通过交流充分了解发展商的开发过程及目标，留意其中的闪光点；借助经济与文化、商业与艺术的有机结合来衍生品牌，营销全程中不断塑造并强化开发商及项目本身的品牌，为企业的持续发展提供后劲。

## 2. 把握市场动态，强调市场引导

对市场动态精准把握，有助看清项目在市场坐标上的位置，强调市场引导，而非一味迎合市场。

## 3. 熟悉片区消费文化特点

在市场调研和谙熟本土实况以及充分解读区域消费特征的基础上，把握项目所在地的区域消费特点。

## 4. 对项目充分透彻研究

寻找项目的唯一性、差异性和市场高度，扬长避短，抢占制高点，树立唯一性，用足项目优势，规避项目劣势，并以此确立项目独特的行业地位。

## 三 不同阶段的项目整体形象设计

项目整体形象设计可以分成 4 个阶段，每个阶段的侧重点各不相同。

图 4-4 楼盘整体形象设计的 4 个阶段

## 1. 入驻工地前期广告牌匾设计种类

入驻工地前期，主要通过外墙广告与户外广告的宣传，树立项目与企业的整体形象。

图 4-5 入驻工地前期广告牌匾设计种类

（1）外墙广告

常规模式

楼盘的外墙一般有两类包装方法：

将外墙用墙柱分隔成多面，每面的内容颜色相同。主要是楼盘名、楼盘标识、电话等，以达到统一形象，加深买家印象的目的。

用墙柱分隔为多面，粉刷上发展商、代理商、承建单位、设计单位的大名及标志。

创新模式

外墙及搭建的围墙其实是最佳的广告包装位置，因为它面积大、范围广，称得上是最大的户外看板。

（2）户外广告看板

常规模式

立在售楼处顶部或两侧、外墙以及主要入口处的大型看板，内容一般是楼盘透视效果图、楼盘名称、广告语、租售电话、楼盘标识、交通图等。

创新模式

由于户外广告看板比较醒目，台湾的流行做法是加上指示箭头，指出楼盘所在方位或者售楼处所在位置，而在中国内地这种做法则极少。其文字图案必须与楼盘的格调及内涵相关，并且要具有吸引力和引导作用。在相同位置不同楼盘的看板中，画面简洁的看板往往吸引人。

（3）LOGO

即楼盘标识，楼盘独有的标志，多见于广告幅、旗、板、牌以及外墙、售楼处。一般表现为图案、美术字、字母等。楼盘标识体现楼盘的品位档次及精神内涵，是楼盘包装不可缺少的手段和内容。

## 2. 施工阶段的牌匾设计种类

施工阶段的项目整体形象主要目的在于将施工的进度告知客户、潜在客户以及周边住户，处处体现出企业的人文关怀精神。

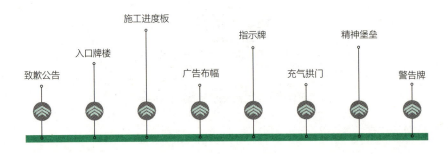

图 4-6 施工阶段的牌匾设计种类

（1）致歉公告

致歉公告起先入为主的作用，树立企业在未来客户心目中的良好形象。主要内容如下：

尊敬的……

本工地因施工……

不便之处，敬请原谅。

——XX 项目施工工地

（2）入口牌楼

即在楼盘入口或主要通道路入口处搭建的大型牌楼，通常是灯光铁架拱门，也有具有艺术特色的水泥建筑，这些入口牌楼一般都作为小区建筑的一部分保留下来。

（3）施工进度板

施工进度板的内容如下：

本项目已建至 ＿＿＿＿＿＿＿＿ 层

预计还有 ＿＿＿＿＿＿＿＿ 天完工

超额 ＿＿＿＿＿＿＿＿

（4）广告布幅

广告布幅是最显眼的包装，主要有商业布幅、政治布幅、创新布幅三种。

### （5）指示牌

指示牌的形状灵活多样，有箭头形指示牌、指示板、三角指示牌等等。指示牌与路旗一样，起引导作用。设备指示牌，方便消费者参观看楼，提醒他们注意某些事项，展示发展商的细心与诚意。因为消费者最后之所以购买，有可能取决于一些极细微的行为，正如俗语所说的——于细微处见精神。

### （6）充气拱门

充气橡胶做成的弧形门，商服物业、写字楼物业的包装中应用较多，一些大型庆典活动及表演也常用，有时也用数个充气拱门及幕布做成充气蓬房，起到防雨防晒作用。

### （7）精神堡垒

精神堡垒，实际上指的是实物化的楼盘标识（LOGO），具体讲就是带有楼盘名称的建筑小品。精神堡垒表现楼宇的精神内涵，应切合楼盘的主题与定位。

### （8）警告牌

警告牌的语气应温柔，内容如下：

为了您的安全请注意……

为了您和家人的幸福……

注意……

通告……

## 3. 预售阶段广告牌匾设计种类

预售阶段的项目整体形象主要目的在于营造气氛，吸引更多关注。

图 4-7 预售阶段广告牌匾设计种类

### （1）路旗

在楼盘旁经过的主要道路两侧设置的宣传旗帜，内容主要为楼盘名称及楼盘标识。严格来讲，设置在围墙上及售楼处顶部周边的旗帜也属于路旗。路旗对于一些地处偏僻位置、或者有一定纵深的楼盘起着重要的引导作用。

### （2）小彩旗

一般是三角小彩旗，利用小彩旗可以装点现场，营造气氛。

### （3）景观庭园

有条件的楼盘，可以在售楼处前面的空间布置一些庭园式小景观，如假山、雕塑、喷泉、小瀑布、微型小花园等。有些已入伙的现楼，把售楼处设在小区内，利用小区内景观环境，亦可达到同样的效果。景观庭园可以为死板生硬的售楼环境增添活力生气，表现地产商的细心体贴，增加亲和力和温馨感，特别适宜于住宅楼盘的包装。

### （4）售楼处

建筑外观风格：售楼处的建筑外观风格应与楼盘的类型、档次相吻合，颜色、图形尽量与楼盘配合，格调一致。

内外装修：售楼处室内摆设大致有接待台、展板（包括广告、效果图、说明图）、灯箱广告、楼盘模型、户型设计模型、销售进度表、售楼书、说明页、椅台、屏风、饮水机等。

样房楼量控制：几个主力户型就可以了。

## 4. 收尾阶段的广告牌匾设计

收尾阶段的项目整体形象应重点突出楼盘的热销情况，并撤回前期的包装工具，做到有头有尾。

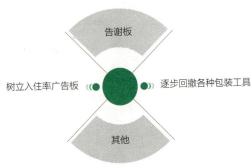

图 4-8 收尾阶段的广告牌匾设计

（1）树立入住率广告板

把销控表做大，胜于任何一种宣传促销方式。

（2）逐步回撤各种包装工具

有步骤地撤回路旗、彩旗、充气拱门、广告板等，注意清洁。

（3）告谢板

公开感谢市民的大力支持，树立公司品牌形象。

（4）其它

地盘包装还包括其他一些内容如标志旗、大彩旗、区域旗（标示楼盘所规划的各个分区域）、楼栋旗（标示不同楼栋、朝向）、警示牌（如禁烟牌、草坪保护牌等）、欢迎牌、气球（上面标出楼盘名称、标识等，一般气球下面都挂有条幅）、灯光照明设备、小区总体平面图（指出小区主要道路、建筑物分布等，有时绘制在指示板上）等。

## 四 项目形象定位的 6 个注意点

房地产项目形象定位与一般商品的形象定位一样，承担着表现产品，告之信息和塑造形象的功能，以求达到促进销售的目的。

房地产项目形象定位与一般普通商品形象定位相比又有自己的特殊之处。如房地产产品本身比较复杂，不像普通商品一下就能介绍清楚，同时消费者购买行为也比较复杂，往往是各种因素综合作用的结果，很少有普通商品的纯功能性购买和冲动性购买。所有房地产项目形象定位一般都要同时解决项目独特性和整体综合性两个问题，增加了定位的难度。

在进行项目形象定位的过程中，一般要遵循以下的 6 个方面：

图 4-9 项目形象定位的 6 个注意点

### 1. 保证项目形象的二次创造性

房地产形象定位并不是建筑实体简单的说明，它实际上是继建筑师之后的二度创造，起到增加楼盘的附加值和无形资产的作用，是对市场需求、消费观念、时尚潮流甚至社会文化的发掘和引导，提升人的生存境界。所有这些都需要充满科学思维和艺术心灵。

一个好的形象定位，是一个项目的灵魂，它能够折射纵横数万里建筑文化的光彩，涵盖人类居住精神的精华，也能张扬建筑人本主义，构筑人居精神属性，缔造家园对人生的价值。

在实际生活中，人们购房置业既是为了对物质生存条件进行改善，也是想借此印证自己一生的追求、业绩、理想；即使是企业购房或租房，也和企业的形象、发展密切相关。基于这些认识，房地产项目形象定位就拥有了广阔的视野和深邃的内涵。

### 2. 保证审美愉悦性

房地产项目形象定位应像诗一样，富有审美愉悦性。房地产项目形象定位的诗意性不仅是华丽辞藻的堆砌，语句形式的诗化，更是艺术与人生的理想境界。房地产项目形象的诗意性在于营造提升一种诗意的人生境界，以拨动顾客的心弦，捕捉人们心灵中某种深层的心理体验。

人类在不断追求新生活的同时，始终存有一种原始而温馨的情愫——对家的眷恋，它本质上是诗意的，对物质更是对精神家园的皈依。房地产项目形象要打动人心，不能仅仅把它定位为房子，更要在营造家的氛围和情调上找想法。家虽为人的栖身之地，但更是人们情感、精神、个性的寄托和张扬。

### 3. 要有人文关怀性

房地产项目形象定位应该体现人文关怀。房地产项目形象定位的对象是一种居住的商品。居住，从本质上讲是人的基本生存方式。人的存在天生要求取得居所，人们对家园的依恋从根本上归结为一种生命原始的体验。

项目定位与改善人的生存境遇深层次的问题联系起来，倡导一种人文关怀，突出楼盘给予居住者的归宿感。这种归宿感把现代人希冀寻找精神家园、渴望返回精神故乡联系起来，让心灵能在其间得到安宁和温馨。

### 4. 增加历史人文性

为一个新楼进行形象定位，它不仅应该告诉顾客楼盘当时的意义和将来的意义，还应该赋予楼盘过去的历史源头。就是说，楼盘自身要有故事和魅力。富有历史人文性的形象定位，可以有效地接近与消费者的距离，引起他们的共鸣。

图 4-10 增加历史人文性

如北京老城区的项目，形象定位可以从人们的怀旧情结引申楼盘区域的人文历史。林立的高楼、繁忙的交通、匆匆的脚步、局促而紧张的现代都市生活方式，在笼统的代表着都市灯红酒绿和强烈乐曲的宣泄中，无意中产生对人本身存在意义的一种伤感情绪，不经意中也引发了对昔日生活的怀旧。

### 5. 要有品味价值感

当前形象定位方式中，比较常见且比较容易操作的做法是移植或套用有代表性的高品位名贵产品，或打造各种异域风情，如欧式风格、北美风格、地中海风情等。欧式风格的代表是法兰西的绚丽、法兰西的浪漫、巴黎的优美，这些都是演绎在"香奈尔"、"轩尼诗"、"都彭"、"卓丹"等名牌商品中。这些商品演化成法国商品独有的风情，具有永恒的价值。

房地产市场中经常出现以"法国风情"的形象定位，通过精雕细琢法式建造的韵味，满街梧桐绿荫的风姿，遮阳伞下露天咖啡座的浪漫等表现楼盘的上乘品质和艺术氛围。

买家买楼实际上是购买一件品质优良、意味深长的艺术品。具有品味价值感的楼盘不会成为毫无灵气的钢筋砼堆积物，它会见证历史、弘扬文化，代表了一种高贵的品牌、一种成功的标识、一种全新的生活方式、一种独特的难以替代的情调和价值。

### 6. 体现优势聚焦性

房地产形象定位要注意项目特点和优势聚焦。房地产项目形象定位是一种聚焦，通过高度的提炼和概括，将楼盘的各种优点聚焦成顾客关注的热点，引起顾客的兴趣和好感，激发和创造需求，说服顾客改变和建立消费观念，促发购买动机。顾客关注的热点本质上是顾客的利益所在。

项目的卖点给予顾客利益的承诺，有些是直接表现，有些是间接隐含。如房型经济舒适的卖点是显性利益，企业实力信誉的卖点是隐性利益。此外项目形象定位中体现的是给予顾客利益物质和精神的统一。

## 第二节 建立项目形象定位体系

项目形象定位是一个系统工程，是贯穿整个推广过程的主题与灵魂。由于房地产行业的特殊性，比如地域性、地缘文化、目标客户的心理、文化背景等的差异性，房地产广告要具备"有效性"就必须因地制宜、因人说话。所以它也是一个动态的体系，要随着地域、时间、市场形势、目标客户等的变化而灵活调整。建立项目形象定位体系主要是通过对九大核心信息要素进行包装提炼，充分挖掘项目优势资源，并从中寻找相关卖点。

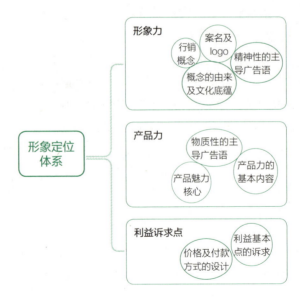

图 4-11 主题形象定位体系

 形象力

形象力是项目的识别特性,主要满足目标客户的精神需求。它要求项目行销概念的权威性必须充分有力,即有有效资源的支持。

### 1. 案名及 logo

案名是楼盘的点睛之笔,项目的营销与项目核心价值与案名都有很紧密的结合,一般项目案名都要经过精心策划,对项目核心价值进行充分地认识后再提出,是项目的浓缩体现,适宜切意的好案名不仅蕴涵项目的内涵,且念起来朗朗上口,富有传播力。

衡量一个案名的优劣取决于以下三点:

① 是否与项目特点与定位密切相关,好的案名是项目属性和精神的集中体现;能否起到有效作用,即易认识、好记忆、多联想;

② 能否有效地区隔竞争对手,即在消费者心中给项目一个市场定位;

③ 能否提升传播效果,即塑造一种使命、价值、荣耀,起到诱导效果。

(1)案名命名方法

案名命名一般有以下 9 种方法:

图 4-12 案名 9 种命名方法

① 地理位置命名法

地理位置是房地产营销策划的一个硬性指标,如果项目本身有很强的地理位置优势,命名时就可以考虑添加位置标示性词组,向客户传达项目所在位置、产品属性等主要信息,让人们听到或看到后,一目了然。

② 品牌形象命名法

突出产品生产者的字号和信誉，突出品牌形象，加深消费者对企业的全面认识。以企业品牌名称命名，可达到以最少的广告投入获得最佳的传播效果。

③ 楼盘连锁命名法

由于先期开发的楼盘得到了市场认可，取得了成功，则可以将品牌楼盘名称与地域名称结合统一。

④ 楼盘特色命名法

以楼盘的特色命名可以反映楼盘的个性。

⑤ 目标客户命名法

有的开发商对新开楼盘的命名方式，是锁定顾客群体，根据目标客户群体的特征来命名，使楼盘名字与顾客的身份特征相符，也是销售楼盘成功的有效方法。

⑥ 名称数字命名法

楼盘的命名就如同起人名一样，命名时采用二、三、四个字甚至更多字，要根据实际情况，仔细斟酌定夺。

⑦ 民族特色命名法

楼盘名称多富于民族民间色彩，在音、形、义上讲究民族风俗和地方特色。

⑧ 中西合璧命名法

许多楼盘命名取自国外与国内风景优美、风光宜人之地命名，中西结合、五彩缤纷让人如置身于异国或异地风情中。

⑨ 时尚创意命名法

此类命名讲究时尚创意，领先时代潮流。楼名怪异，字义艰涩，追求新潮。

（2）房地产项目 logo 设计

一个优质的房地产标志能够为房地产企业带来巨大经济效益。可以说，房地产标志的设计和推广不但是建立房地产企业形象、树立房地产品牌的第一步，也是进行房地产产品营销关键的一步。因而，要充分认识到房地产标志的重要性，调动尽可能丰富的艺术手段，通过别致的设计，完美地展现房地产企业和房地产品牌的形象，从而更好地完成房地产产品的营销，实现最佳的经济效益。

## 2. 行销概念

行销概念是项目基本属性的核心定位，是从精神层面和物质层面对项目属性的一个基本定位，"行销概念"需同时具备"唯一性"、"排他性"、"权威性"，三性合一。

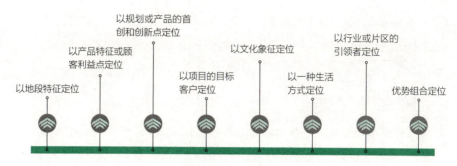

图4-13 项目行销概念的8种定位方法

（1）以地段特征定位

衡量房地产项目价值最关键的因素是地段。项目形象定位通常运用组合定位的方法，即以地段特征作为形象定位语之重要组成部分，把项目的地段特征在形象定位中突出和强化出来。

符合组合定位方法的项目地段必须具备以下特征：拥有或邻近山湖林海河等自然资源、位于或邻近城市中心、地标、某个著名建筑物、公建、公认的高尚片区和特定功能的片区、城市地标。

（2）以产品特征或顾客利益点定位

应用较多的定位战略还有直接以最鲜明的产品特征或顾客利益点来定位。这种方式简单明了，利于记忆。但这种方式也有不足，描述产品特征的语言通常缺乏诗意，只承担了传递信息的功能。要注意把握的是：这种产品特征是否具备公认的稀缺性和足够的震撼力、吸引力，否则不能承载树立项目形象的功能。

（3）以规划或产品的首创和创新点定位

房地产市场发展成熟，竞争激烈，特别是在产品的均好性方面各项目之间很难拉开很大差距，因此开发商需要通过产品的创新来提高性价比，提升价值。可以通过一个引领性或首创性的形象定位来吸引市场的关注，提升项目形象。

（4）以项目的目标客户定位

将产品与使用者或某一类使用者联系起来，通过名人或特定阶层与产品联系起来，通过他们的特征和形象来影响产品形象。

（5）以文化象征定位

形象定位中比较常见且比较容易的做法是移植、套用、打造各种有代表性的异域风情，如欧式风格、北美风格、地中海风情，或高举中式风情的大旗等。用文化象征来差别化项目的形象，可以通过文化统领，树立一种成功的标识、一种全新的生活方式、一种独特的难以替代的情调和价值。

（6）以一种生活方式定位

房地产项目形象定位不仅仅是华丽辞藻的堆砌，语句形式的诗化，更在于营造提升一种诗意的生活方式和人生境界，以拨动客户的心弦，捕捉人们心灵中某种深层的心理体验。它体现的不仅仅是房子，而是对家的眷恋，是对物质更是对精神家园的皈依，是人类追求的永恒主题之一。房地产项目形象要打动人心，打造出诗意的生活方式，才能诠释人们情感、精神、个性的寄托和张扬。

（7）以行业或片区的引领者定位

如果项目在规模、品质、开发时间等方面有第一、引领或综合优势领先的特质，可以以引领者的定位出现，气势磅礴，先声夺人，一亮相就能引起市场的强烈关注。

（8）优势组合定位

如果项目具有众多优势，就可以采用优势组合定位法，提取一般不超过三个的强势卖点组合出来，反复宣传，以使项目的优势深入人心。

优势组合定位法需要注意的是：

①除非项目的几个优势都非常明显，并且在重要性上并列，无法取舍，否则不建议这种方法，优势太多，反而不利于传播和记忆。

②注意几个优势之间的连贯性和统一性，如果语义相差太大，很不和谐，这种组合也是比较失败的。

### 3. 精神性的主导广告语

精神性广告语主要是对项目的主体目标客户群形象进行包装，创造项目价值之"形象价值"，即客户形象。

精神性广告语的撰写要领有以下三点：

①回顾战略定位报告中，对本项目目标客户群体特征的解读；

②总结该项目目标群体的共同特征（生活形态、精神需求等）；

③基于项目的整体战略定位，提炼并概括目标群体的精神性向往，形成能打动该目标群体的广告语。

### 4. 概念的由来及文化底蕴

充分阐述形象定位中核心概念提出的缘由,包括概念提出的宏观背景、蕴藏的文化内涵、可类比资源、支撑行销概念的有效资源、市场定位及发展愿景等,并以高度凝练的文案进行阐释与延展。

产品力是项目的商品利益支持点,必须满足目标客户的物质需求。

### 1. 产品魅力核心

产品魅力核心是产品核心魅力的物质形态的展示和升华。

### 2. 物质性广告语

物质性的主导广告语主要是从物质层面对产品优势进行高度浓缩和概括,一般物质性的主导广告语可由魅力核心导出。

## 链接

### ⬇ 精神性广告语和物质性广告语的区别

精神性广告语是客户形象和客户生活方式的包装与定位,是给予人们的一种精神感受。
物质性广告语是项目最实际的优势特点,是给予人们的一种物质享受。

### 3. 产品力的基本内容

对项目资源和价值的梳理与表现,也就是项目卖点挖掘。主要包括产品价值、人员价值、服务价值三个方面。

图 4-14 产品力的三个方面

（1）产品价值

一个项目具有的产品价值，要从项目大环境、中环境、小环境三个层次做评判。

表 4-2　产品价值的 3 种环境

| 大环境 | 区域优势、外部的交通状况、景观资源、生活配套、教育配套等 |
|---|---|
| 中环境 | 项目规模、中庭景观规划、立面风格、社区商业配套、教育配套、会所等 |
| 小环境 | 户型特点、面积、格局、安保等 |

（2）人员价值

人员价值，主要从三方面着手：

① 开发商形象包装；

② 配合单位形象包装（建设施工单位、规划设计单位、景观设计单位、物业服务单位等）；

③ 购房者的形象包装（对主力目标客户群的形象概括与提升）。

（3）服务价值

主要是提供哪些方面的服务，如私人管家式物业服务（部分有偿项目）、私人商务服务、私人家政服务等。

# 利益诉求点

利益诉求点是商品对客户的利益基本点的诉求力，主要作用在于唤醒客户对未来美好生活的向往，刺激与提高目标客户的需求意识与购买欲望。

## 1. 利益基本点的诉求

产品力指的是产品有什么，利益基本点的诉求指的是产品对客户有什么好处。

## 2. 价格及付款方式设计

价格及付款方式的设计多用在项目公开销售或促销时,是要通过策划与设计让客户觉得产品很便宜,刺激与提高目标客户的"需求意识与购买欲望"。

 大运城邦二期项目形象定位

### 项目简介:

大运城邦项目毗邻大运新城,总建筑面积近 100 万平方米,是大运新城片区唯一一个百万平方米城市建筑综合体。是一个融合了高品质国际健康生活的旗舰级项目。项目规划了非常完善的配套,包括住宅、别墅、公寓、大型商业、高档会所等,小区还有幼儿园和中小学的配套。大社区的完善配套和高品质生活将在大运城邦中得到彰显。

### 1. 一期树立的市场定位形象

借势大运,迅速建立项目话语体系,模糊项目东莞区域的形象,从而建立深圳项目的市场印象;百万平方米大体量的巨鲸形象,大运城邦从一开始就拥有气吞山河的恢宏大盘形象。

### 2. 项目二期的新形象导入

明线:一站式集成配套,顶级国际生活一步到位。
核心诉求:"运动 + 教育 + 商业"顶级品牌配套。
暗线:高性价比。

### 3. 项目占位——行销概念

以后来者的心态,一流的企业只做标准,做永远的领先者。

## 4. 品牌符号标签——产品魅力核心

国际：中国首家国际化体验式购物中心，商业与生活的完美融合

品牌：国际品牌旗舰荟萃、行业巨头联袂，顶级商业旗舰

时尚：深圳全新商业文化模式——"体验商业"典范

体验：傲居城市显赫地段，彰显"城市客厅"本色

顶级：顶级设计团队打造"城市中的豪华邮轮"

名校：为全国规模最大的小学，是中国基础教育一颗璀璨的明珠，被誉为基础教育的一面旗帜

## 5. 广告文案设计

大运城邦——以运动唱响健康人居生活

3公里，中国最长的小区橡胶自行车道

4公里私家登山车道，健康运动一步到位

一站式教育配套，未来一步到位

联手名校，让教育赢在起跑点

大运城邦

一个大运主体的人文健康社区

一个体现和谐高尚精神的品质家园

一个以建筑诠释生活的百万城邦

集大所城，一步至美

## 第三节　大盘项目的形象包装策略

楼盘整体形象包装有利于提升楼盘的档次品位，表现楼盘的内涵，获取买家的认可，促进销售，也有利于加强楼盘项目形象，树立楼盘品牌，是开发公司实力的最佳展示。

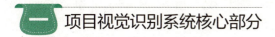

楼盘形象设计是房地产形象策划的核心部分，它帮助房地产项目将楼盘理念、楼盘形象以及楼盘的整个优势传递给公众，让消费者对楼盘产生良好的印象。

对楼盘形象的设计，一般是通过 CIS，即企业形象识别系统来完成。

视觉识别（VI）是 CIS 策划中房地产企业视觉的传递形式，它项目最多，效果最直接。

房地产企业的 VI 设计首先要确定好设计要素，如房地产企业标志、标准字、标准色等，然后把它运用到其他因素中。

### 1. 房地产企业标志的设计原则

房地产企业标志表现和象征房地产企业的整体特征，具有重要的传递信息功能。主要体现在两个方面：

① 设计者在创作开发时就应使标志准确地象征房地产企业（品牌）的宗旨、理念、规模、品质等特征；

② 房地产企业（品牌）的公众如消费者、投资者、公众、传媒也会通过标志去认知房地产企业（品牌）。

房地产企业标志的设计应遵循以下 5 个原则：

图 4-15 房地产企业标志设计的 5 个原则

（1）传递形象，彰显个性

房地产企业标志能够表现企业经营理念、独特特征等，重在传递企业整体形象，表现个性。

（2）传达实态，名副其实

房地产企业标志形式必须正确恰当地符合房地产企业内涵，传达房地产企业实态。

（3）简洁明了，切忌复杂

简洁明了的设计使标志易于传播，消费者和大众容易辨认和理解；复杂难懂的标志，难于传播，受众也不愿意或不好了解，这样的标志缺乏感染力。

（4）造型优美，艺术性强

艺术中富有美感的标志，常常能引人注意，给人以美的享受，消费者和大众容易接受这样的房地产企业的标志（及其代表的房地产企业形态）。优美的标志应注意造型的均衡性、动态性、对称性，符号点、面、线、形等自身结合的特点等。

（5）富有时代气息，相对稳定

房地产企业标志代表了房地产企业形式，它经常出现在房地产企业的广告、产品、媒介之中，消费者和大众已相对熟悉，形成了一定的感觉，不能轻易更换，否则会使大众难以认知，产生房地产企业不稳定的错觉。

## 2. 标准字的设计

标准字是由确定的铅字或是经专门设计的文字来表现的房地产企业名称（以及品牌名称）。标准字常与房地产企业标志组合使用。

企业标准字种类：

① 企业名称标准字；

② 产品或商标名称标准字；

③ 标志字体；
④ 广告性活动标准字。

图 4-16 企业标准字的种类

## 3. 标准色设计

标准色是经设计代表房地产企业形象的专门的色彩。一般有 1～3 种颜色组合。标准色与房地产企业标志、标准字等相配合。

标准色广泛地应用于房地产企业标志、广告、包装、服装、建筑装饰、旗帜、办公用品等。

## 二 楼盘整体形象设计

楼盘整体形象设计要达到良好的效果，不需要增加太大成本，像楼盘包装及销售包装基本上是一次投入，而广告是多次投入。楼盘整体形象设计是广告的有益补充，是营销策划中不可缺少的一环，起到强化及深化广告宣传的效果。

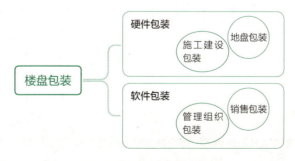

图 4-17 楼盘整体形象设计的框架

### （1）楼盘整体形象设计

楼盘整体形象设计是指，楼盘范围内一切广告宣传及销售设施和用具（硬件）的整体形象设计，包括广告幅、板、旗、牌、售楼处、样板房、楼、设施和用具（硬件）、人工景观等。

### （2）销售整体形象设计

销售整体形象设计指"软件"的整体形象设计，即销售人员的管理、谈吐、语音、着装、气氛的营造、活动、表演等。

### （3）施工建设整体形象设计

施工建设整体形象设计指施工现场的整体管理，涉及发展商的实力、销售进度、建设质量等问题，需作好统筹计划安排。

### （4）管理组织整体形象设计

管理组织整体形象设计指对工程进度、销售进度总体的筹划和把握，包括何时动工、加快进度、何时封顶、何时全面竣工、何时开盘、何时开展大面积销售等。

## 建筑外立面形象定位

建筑外立面的形象定位包括风格定位、色彩定位、材质定位，另外还需考虑一些影响外立面优劣的因素。

### 1. 建筑外立面的风格定位

产品设计建筑风格是对某种特定建筑语言使用的整体把握，是神韵与形式的兼顾。尽管建筑风格较大程度体现于建筑外观，但它的把握仍是个由表及里的过程，是由最初适应建筑内部功能需求而逐渐发展形成。

每一种建筑风格的诞生都是人们对居住的思考和尝试发掘出的可能性。建筑风格大致可以分为中式风格、异域风格、现代风格。

#### （1）中式风格

中式风格是以宫廷建筑为代表的中国古典建筑室内装饰设计艺术风格。中式风格以气势恢弘、壮丽华贵、高空间、大进深、雕梁画柱、金碧辉煌为特点，其造型讲究对称，色彩讲究对比，装饰材料以木材为主,图案多龙、凤、龟、狮等,精雕细琢、瑰丽奇巧。不过中式风格的装修造价较高,且缺乏现代气息,只能在家居中点缀使用。

图4-18 两种常见的中式建筑风格

中式古典风格

中式古典风格的室内设计,是在室内布置、线形、色调及家具、陈设的造型方面,吸取传统装饰"形"、"神"的特征。

中式古典风格的主要特征是以木材为主要建材,充分发挥木材的物理性能,创造出独特的木结构或穿斗式结构,讲究构架制原则,建筑构件规格化,重视横向布局,利用庭院组织空间,用装修构件分合空间,注重环境与建筑的协调,善于用环境创造气氛。运用色彩装饰手段,如彩画、雕刻、书法和工艺美术、家具陈设等艺术手段来营造意境。

新中式风格

新中式建筑在沿袭中国传统建筑精粹的同时,更注重对现代生活价值的精雕细刻。新中式建筑着力提高的舒适度;另外,在庭院、地下室的处理中,也吸纳了更多现代生活流线的创新之笔,如外庭院、下沉庭院、内游廊等,让中式建筑以一种更自然、更现代、更具生命力的品相出现。

(2)异域风格

异域风格,非本国本土建筑风格,更像是一种多元化的思考方式,将异域的浪漫情怀与现代人对生活的需求相结合,兼容华贵典雅、自然简约与时尚现代,反映出时代个性化的美学观点和文化品位以及现代人的情感。

地中海建筑风格

闲适、浪漫却不乏宁静是地中海风格建筑所蕴含生活方式的精髓所在。地中海风格建筑逐渐演变成一种豪宅的符号。地中海风格经常出现很多不对称的设计,采用了很多圆弧形结构,包括墙体、护栏、门窗框架,乃至屋顶上使用的筒瓦。

图4-19 7种常见的异域建筑风格

意大利建筑风格

意大利建筑在建筑技术、规模和类型以及建筑艺术手法上都有很大的发展,无论在建筑空间、建筑构件还是建筑外形装饰上,都体现出次序、规律、统一的空间概念。

法式建筑风格

法式建筑线条鲜明,凹凸有致,尤其是外观造型独特,大量采用斜坡面,颜色稳重大气,呈现出一种华贵。法式建筑往往不求简单协调,而是崇尚冲突之美,呈现出浪漫典雅风格。法式建筑十分推崇优雅、高贵和浪漫,追求建筑的诗意、诗境,力求在气质上给人深度的感染。

英式建筑风格

英式建筑空间灵活适用、流动自然,蓝、灰、绿富有艺术的配色处理赋予建筑动态的韵律与美感。双坡陡屋面、深檐口、外露木、构架、砖砌底脚等为英式建筑的主要特征。英国建筑大多保持红砖在外,斜顶在上,屋顶为深灰色。也有墙面涂成白色,是那种很暗的白或者可以叫做"灰色"。

德国建筑风格

德国现代建筑简朴明快,色彩庄重,重视质量和功能,在现代世界建筑上占有重要地位。德式建筑简洁大气,对人的活动空间非常注重,无论是建筑物的外部,还是内部,都通过有层次的空间营造来满足人的需要,这些空间包括走廊、中庭、院落等。同时追求工业设计的工艺高度甚至是艺术高度,对精确、尺寸性的到位有极高的要求。

北美建筑风格

北美别墅成为既简约大气,又集各种建筑精华于一身的独特风格,充分体现了简洁大方、轻松的特点,居住常常具有人性化,在别墅市场非常受欢迎。

北美建筑风格实际上是一种混合风格,具有注重建筑细节、有古典情怀、外观简洁大方、融合多种风情于一体的鲜明特点。在北美建筑中,既有私密性强的个体居住单位,又有恢弘大气的整体社区气氛。

新古典主义建筑风格

新古典主义是古典与现代的结合物。新古典主义在檐口、栅化、线条等方面可以说都是世界建筑精华的集大成者,在建筑比例上严格符合了人体的黄金比例。当前的新古典主义建筑作品超越了"欧陆风"的生硬与"现代简约"的粗糙,设计更趋精细,品位更加典雅细腻。

(3)现代风格

现代风格是比较流行的一种风格,追求时尚与潮流,非常注重居室空间的布局与使用功能的完美结合。

图4-20 3种常见的现代建筑风格

现代主义建筑风格

现代主义建筑风格,以简洁的造型和线条塑造鲜明的建筑表情。通过高耸的建筑外立面和带有强烈金属质感的建筑材料堆积出居住者的炫富感,以国际流行的色调和非对称性的手法,彰显都市感和现代感。竖线条的色彩分割和纯粹抽象的集合风格,凝练硬朗,营造挺拔的社区形象。波浪形态的建筑布局高低跌宕,简单轻松,舒适自然。强调时代感是它最大的特点。

综合类建筑风格

多种不同建筑风格组团综合在一起,然后再在不同的区域内建造与之相符的园林景观,使得整个社区体现出浓郁的异域风情。园林设计独一无二,各大园区采取渗透、融合的手法,通过植物景观和特色小品表现出地域性景观特征。

Art Deco 建筑风格

"Art Deco"是世界建筑史上的一个重要的风格流派。Art Deco 适应变化，易于应用，具有潜在的巨大象征能力。回纹饰曲线线条、金字塔造型等埃及元素纷纷出现在建筑的外立面上，表达了当时高端阶层所追求的高贵感；而摩登的形体又赋予其古老的、贵族的气质，代表的是一种复兴的城市精神。

该建筑风格强调建筑物的高耸、挺拔，给人以拔地而起、傲然屹立的非凡气势，表达出不断超越的人文精神和力量。通过新颖的造型、艳丽夺目的色彩以及豪华材料的运用，成为一种摩登艺术的符号。"Art Deco"主张机械化的美，所以大量使用直线、对称和几何图形的构成，并大量使用了当时的新材料，如钢筋混凝土和合成树脂玻璃。

## 2. 建筑外立面的色彩与材质定位

对于一个现代化城市来说，建筑色彩是城市环境的重要组成部分，是城市景观的识别系统，是一个城市的整体风貌、历史文脉、民族传统、地域文化、生态环境、市民气质、时代精神的综合体现。它涵盖历史、地理、气候、文化等诸多因素，涉及城市生活的方方面面。

（1）建筑立面色彩定位的一般步骤

① 各功能区建筑用色确定。

表 4-3 各功能区建筑色彩搭配建议

| 功能区 | 特征 | 建议色彩搭配 |
|---|---|---|
| 居住 | 街区，集中居住片区 | 结合城市色彩规划布局，作为过渡区的居住区建筑色彩规划，可按不同片区划分，以1~2种主色调为主，相对成片布局。其色彩应该给人温馨、淡雅的感觉，选取高明度低彩度的色彩 |
| 旅游 | 依托山水环境 | 由于此类建筑位于山清水秀处，应保证空间形态通透开敞的格局，色彩以环境绿色为主，点缀一些黄、红、白等鲜明色彩 |
| 道路旁 | 快速干道沿线 | 以大块面积布局、节奏性变化为主，宜用浅色系，与沿路深色调绿色形成对比，满足快速行车中运动的视线景观感受为主 |
| | 主干道车流、人流量大，街道空间尺度大 | 应注意分不同区段确定一个基色调，重点考虑屋顶、屋檐、墙体的色彩要求，特别是要有利于烘托城市整体天际轮廓线。考虑到深圳的气候特点，宜采用浅黄、灰、棕等偏冷色系为主，但沿街底层及裙楼色彩则可适当丰富，以满足行人的观赏要求 |
| | 城市支路 | 沿街建筑色应在丰富变化中求得统一，其基调的确定可以根据其街道的功能特性及建筑性质综合确定，创造一个色彩丰富协调的氛围空间 |
| 特殊节点 | 标志性建筑 | 由于位于城市的核心部位，其地理空间格局具有各自独特性，因此色彩应该突出整个城市基调，并与周边城市建筑基色形成色彩的反差，以进一步突出其标志性 |
| 工业区 | 工业基础浓厚 | 近十年建设发展的多是一些高科技工业区，现代化的生产流程决定了其建筑风格和色彩的多样性，其建筑色彩应体现现代化大工业的气息，以蓝色、白色、红色、黄色等明度高的色彩为主 |

② 明确用色对象。

建筑外立面除墙体外，还有门窗、阳台、雨棚、檐口、勒脚、装饰线、女儿墙、墙面雕塑、浮雕、水落、屋顶和墙上安装设备。

③ 通过调研，掌握条件。

表 4-4　建筑色彩与材质调研必须掌握的 5 项内容

| | |
|---|---|
| 1 | 所处地理位置和周围环境条件 |
| 2 | 功能、风向、朝向、体量和规模，体量和规模大的建筑宜选用明度高、彩度低的颜色 |
| 3 | 材料与质感 |
| 4 | 材料颜色对太阳辐射热的吸收与反射特性 |
| 5 | 建筑使用者对颜色的爱好及民族的风俗习惯等 |

④ 确定建筑颜色。

表 4-5　三种基本建筑色彩

| | |
|---|---|
| 基本色 | 外墙面主要的配色对象，在人的视野范围内面积最大，观看时间最长部分的颜色 |
| 辅助色 | 外墙面其他配色对象的颜色，其色彩在色相、亮度和饱满度上应与基本色相协调，并允许有所变化 |
| 点缀色 | 建筑中需重点加以点缀的颜色，如建筑的入口、标志屋顶檐口等细部装饰，其面积应不大于辅助色的面积，其色彩可在色相、亮度和饱满度上与基本色有较大的变化 |

（2）建筑外立面的材质定位的两个步骤

① 建筑外立面材料种类分析。

表 4-6　涂料特点分析

| | |
|---|---|
| 优点 | 较为经济，整体感强，装饰性良好，施工简便，维修方便，首次投入成本低，即使起皮及脱落也没有伤人的危险，而且便于更新换代，丰富不同时期建筑的不同要求，进行维护更新以后可以提升建筑形象。同时，在涂料里添加防水剂可以一次施工就解决防水问题 |
| 缺点 | 质感较差，容易被污染、开裂。同时，寿命较短，此外用涂料的外墙在水泥凝固后收缩会在外立面产生一些裂纹，虽然新型的弹性涂料可以解决这一问题，但弹性涂料的成本较高 |
| 适用范围 | 住宅、工业建筑、商用建筑、公共建筑 |
| 备注 | 多层住宅及一般工业建筑和公共建筑的外墙装饰宜使用寿命期 5 年以上的建筑涂料，高层建筑宜使用寿命期 10 年以上的建筑涂料。临海城市的建筑物要重点选择耐盐雾性好的涂料；在酸雨污染的地区，应选择具有耐酸雨性质的外墙涂料；南方多雨地区应选择防霉、防潮性能好的外墙涂料 |

表 4-7　墙砖特点分析

| | |
|---|---|
| 优点 | 坚固耐用，具备很好的耐久性和质感，并具有易清洗、防火、抗水、耐磨、耐腐蚀和维护费用低等特点。耐久性包括了耐脏、耐旧、耐擦洗、寿命长，特别是在环境污染比较大、空气灰尘多的地区，无疑具有非常大的优势 |
| 缺点 | 首次投入成本较高，施工难度大 |
| 适用范围 | 公共建筑、住宅、商业建筑 |
| 种类 | 外墙釉面砖、外墙瓷砖、外墙哑光砖、外墙印花砖、外墙仿石砖、外墙仿古砖、劈开砖 |

表 4-8　石材特点分析

| | | | |
|---|---|---|---|
| 人造饰面石材 | | 特点 | 人造石材是人们根据实际使用中的问题而研究出来的，它在防潮、防酸、防碱、耐高温、拼凑性方面都有长足的进步。但其自然性不足，一般不用于对建筑品质要求较高的项目 |
| | | 适用范围 | 公共建筑、普通住宅<br>备注：人造石适合应用在一些恶劣环境中，因为纹理相对太假，极少被用于装饰性较强的项目如高档别墅、高档写字楼、高档商业 |
| 天然饰面石材 | 大理石 | 特点 | 大理石的质感柔和，美观庄重，格调高雅，是装饰豪华建筑的理想材料，但其产生的辐射会对人体形成不好的影响，而且造价高 |
| | | 适用范围 | 天然大理石可制成高级装饰工程的饰面板，用于宾馆、展览馆等公共建筑工程内的室内墙面、地面、窗台板、服务台、电梯间脸的饰面等。<br>备注：空气中所含的酸性物质和盐类对大理石有腐蚀作用，导致边面失去光泽甚至破坏，因此，绝大部分大理石不适合做外立面材料 |
| | 花岗岩 | 特点 | 花岗岩不易风化，颜色美观，在户外使用能长期保持光泽不变，大多数高档建筑物的外墙都用花岗石装饰，也是大厅地面和露天雕刻的首选之材 |
| | | 适用范围 | 商业楼、高档写字楼、公共建筑、高档住宅。<br>备注：一般用在建筑的底下二到四层，主要是给建筑物增加厚重牢固的感觉，因其成本较高，产生的辐射会对人体形成不好的影响，同时自重也比较大，通常不用于整幢高层建筑 |
| | 天然文化石 | 特点 | 抗压强度和耐磨率介于花岗岩和大理石之间，且吸水性低，易安装，耐酸性好，不易风化，耐热耐冻，色彩丰富，无论是屋面、外墙、地坪，都是一种理想的建筑材料 |
| | | 适用范围 | 高档别墅、公共建筑<br>备注：一般用于建筑外立面的局部点缀 |

② 各种类型建筑的材料分析

表 4-9 别墅外立面材质

| | | |
|---|---|---|
| 别墅外墙涂料 | 纳米多功能外墙涂料 | 是别墅建筑广泛使用的高档环保型外墙涂料。其特点表现为通过纳米材料改性，有效屏蔽紫外线，具有优异的耐候性、保色性，涂膜亮丽持久；优异的耐水、耐碱、耐洗刷性；遮盖力强 |
| | 外墙刮砂型弹性质感涂料 | 外墙刮砂型弹性质感涂料由纯丙烯酸黏合剂及其他助剂组成。适用于砖墙面、水泥砂浆面、砂石面等基面，其特性表现为，优异的附着力和完美的遮盖力；优异的户外耐候性，持久保色；柔韧性好，抗碰撞及冲击；质感强烈，表现力丰富 |
| | 矿物性油漆 | 在国外，早已经使用矿物性油漆来取代外墙的瓷砖，这种矿物性油漆具有耐酸雨、可刷洗、可抗空气污染等优点，目前国内，实际运用在高级别墅住宅上 |
| 别墅外墙石材 | 高级进口花岗岩 | 不易风化，颜色美观，在户外使用能长期保持光泽不变 |
| | 文化石 | 是近期兴起的最新外墙专用装饰材料，文化石色泽鲜明古朴，纹理粗犷豪放，给人一种朴实、自然的亲近感。多用于外立面点缀 |
| 别墅外墙砖 | 瓷砖 | 是国内外墙最常用的建材，它的表面虽光滑但却不耐脏，而且瓷砖接缝最容易藏污纳垢、长青苔，所以别墅外墙的瓷砖应用并不是很多 |
| | 劈开砖 | 劈开砖可以根据不同的建筑设计要求，表面可光滑、可粗糙，也可提供各种强烈凹凸线条，并可拼成图案不同的艺术装饰效果，有明显的立体感。劈开砖从建筑施工角度来讲，它有较深的"燕尾槽"，铺贴牢靠，特别在高层建筑物上具有更大的安全感。也为大量的别墅开发商所采用 |
| 木百叶 | 实木百叶 | 百叶在建筑立面上组合使用，其功能为密封性、通风与遮阳兼顾、消防自动排烟，而且能起到美化建筑外立面的作用。 |

表 4-10 普通住宅外立面材质

| | | |
|---|---|---|
| 外墙涂料 | 外墙涂料 | 3~5 年需要清洁重刷 |
| 外墙砖 | 瓷砖、条形砖 | 是国内普通住宅外墙最常用的建材。坚固耐用，具备很好的耐久性和质感，在全国的房地产市场上，使用率最高 |
| 外墙石材 | 花岗岩 | 用于建筑基座部分。造价较高。 |
| | 文化石 | 其造价较高，档次较高的住宅会用文化石点缀外立面 |
| 铝合金 | 铝合金窗框 | 如果大面积使用，一般不用在建筑底层（耐撞击性差） |
| 木百叶、金属百叶 | 实木百叶、铝合金百叶 | 起到通风、遮阳等作用，造价低 |

表 4-11 办公类产品外立面材质

| | | |
|---|---|---|
| Low-E 玻璃幕墙 | | Low-E 玻璃在新的建筑节能规范条件下，这种材料将占领办公类产品外立面材料的主流市场 |
| 铝合金 | | 用作窗框，或大面积使用 |
| 石材 | 高级花岗岩 | 一般用在建筑的基座部分，或者作为石材线与玻璃幕墙搭配。装饰效果强 |
| | 高级大理石 | 外立面应用较少，少数使用于建筑基座的外部装饰 |
| 双层外皮 | 金属百叶外层＋玻璃幕墙 | 金属外层＋玻璃幕墙这一"双层外皮"革命性的创举带来的是生态写字楼的绿色享受。网状金属幕墙的孔距经过精密的测算，可有效地阻挡高楼风，带来高层大面积开窗的可能性 |

### 3. 影响外立面优劣的因素

楼盘建筑的外立面除了色彩搭配与材质选择之外，还必须考虑诸如空调机、外飘窗、排烟口等影响因素。

（1）外挂空调机

在早期住宅及写字楼上都可以看到楼盘外立面上密密麻麻的外挂空调机，经长时间风吹雨淋日晒，都变成一个个小黑点，给楼盘整体形象的提升带来难度。随着科学技术的不断发展，近年来，一些高档住宅、写字楼都配备了中央空调，或者借鉴新加坡经验，通过内嵌式的设计方式，把空调外机的位置和晾衣架等外接的东西放在嵌入部位，减少了对外立面的影响。

（2）外飘窗、凸阳台、露台

外飘窗、凸阳台和露台的设置虽然可以给户型的变化增加筹码，但对于楼盘外立面的美观并非是好事。因为在平整的墙上凸出一块，给人的视觉很不舒服，如果凸出部分能够修整成整齐而有韵律感的形状，线条优美，颜色协调一致便会给外立面增添美化效果。

（3）排烟口、防盗窗

一般只适用于早期低档住宅小区，对于现代封闭式、智能化的小区管理系统已经不需要。

## 四 楼盘内在形象

楼盘内在形象需要注意街区功能的充分利用与延伸、楼盘区域布局、楼盘配套设施、楼盘房型结构等。

### 1. 街区功能的充分利用与延伸

街区功能再造和延伸，需要发挥功能定位、市场定位、身份定位的综合作用。每个街道的情况不同，比如区域性质、交通和人流量、商业网点、公益场所、其他建筑物、居住人的文化及收入职业等。

当某一个楼盘位于某一条街时，需要通过问卷调查、街访、座谈会、面访等方法，调查清楚这条街及附近的环境。比如靠近公园是个好地方，但如果公园里有一个露天舞厅就不好了，夜里响到半夜，早上天不亮就吵闹起来，很不适合有小孩的和年轻人的家庭居住，但比较适合老年人居住，因为可以就近锻炼身体。

## 2. 楼盘区域布局

无论楼盘所占面积是大是小,结合位置怎样,建筑物以及公共设施、绿化等都应有一个科学合理的布局,并且能够增加艺术性和文化品位。充分考虑到如何更人性化,如何能更多接受阳光,如何使车道、人行道更合理、更安全,如何能够更有效防盗等问题。

## 3. 楼盘配套设施

楼盘的配套设施,可分为公共设施和特有设施。

公共设施是普通楼盘都有的,如双气、公用卫星电视、电话、空调等。

特有设施就是一般楼盘所没有的,如游泳池、广场、网球场、图书室、商场、健身房、会所、幼儿园、小学等,这些都是特有的设施。

## 4. 楼盘房型结构

房型结构设计应强调合理化和人性化。能够使每平方米发挥出应有价值的房子肯定会较受住户欢迎。

在对质量要求的同时,对房型结构也提出了新的要求:

① 要符合当地居民的文化习俗及心理风格要求;
② 要具有未来性和超前性;
③ 要更具人性化,增加实用面积,不能让面积浪费;
④ 对每个房间都有特定功能和要求,对家用电器及家具有位置的设计。

## 链接

### ⬇ 房型结构设置常见问题与解决建议

表 4-12 房型结构设置常见问题与解决建议

| 问题 | 建议 |
| --- | --- |
| 洗衣机放在哪里? | 洗衣机应该放在阳台 |
| 电冰箱放在哪里? | 电冰箱应放到厨房,不要变成一种展示 |
| 卫生间有什么禁忌? | 卫生间不要浴盆,占地方也没有用,只是起到蓄水池的作用 |
| 卧室空间有什么注意点? | 主卧室要大 |
| 厨房应怎样设置? | 厨房应该体现现代化水平 |
| 需不需要书房? | 书房要合适,能够放下电脑桌、写字桌、书架、音响等 |
| 阳台有什么功能? | 阳台必须能晒被子 |

## 五 现场销售形象

楼盘都是通过销售卖出去的,其中现场销售占很大成分,所以,对现场销售形象要求应特别规范,以保持应有的形象。

### 1. 销售人员的形象

作为销售人员应该具备这些形象素质:

① 端正的相貌和身材,气质和仪表更重要;

② 思维敏捷、口齿伶俐、心理承受能力强;

③ 专业知识和技巧要高;

④ 自信心强,热情开朗;

⑤ 服饰恰当,举止大方;

⑥ 不怕麻烦。

**链接**

### ⬇ 销售人员培训内容

表4-13 销售人员培训内容

| | |
|---|---|
| 忠诚度培训 | 1. 公司背景介绍;<br>2. 公司在公众中目标的形象;<br>3. 公司的理念及精神;<br>4. 公司的目标,包括项目推广目标和公司发展目标,确立员工对公司的信心;<br>5. 讲解公司的规章制度,以确立个人的行为准则及制定销售人员的收入目标。 |
| 专业知识培训 | 1. 房地产基本知识;<br>2. 楼盘的详细情况,包括规模、定位、设施、价格、买卖条件;<br>3. 楼盘周边环境及公共设施,交通条件;<br>4. 该区域的城市发展规划,以及宏观微观经济因素对楼盘的影响;<br>5. 房地产有关法规;<br>6. 物业管理课程,包括物业管理服务内容、管理规则、公共契约等;<br>7. 有关客户的问题汇编 |
| 销售技巧培训 | 1. 应按洽谈技巧,如何以问题套答案,询问客户的需求、经济状况、期望等,掌握客户心理;<br>2. 电话技巧;<br>3. 推销技巧;<br>4. 语言技巧;<br>5. 身体语言技巧;<br>6. 客户心理分析;<br>7. 展销会会场气氛把握技巧,销售员依次序接待客户,与客户交谈的礼貌用语,多家、少家及下雨天应该怎么做;<br>8. 外出拜访客户的技巧 |

## 2. 布置售楼部

售楼部布置并不是越豪华越好，而是要有个性，气派过头会使客户产生自卑感。可以应用楼盘标志、标准字、标准色以及广告词等，必须将楼盘模型、电视机、花木、楼型结构图等布置，以及销售人员站立的位置规定好。

对售楼部的布置要突出以下两点：

① 要突出楼盘品牌形象；

② 要与目标顾客的文化背景相协调。

## 3. 样板房的布置

销售中样板房的布置可以直接推动购房者产生购房的愿望和冲动，因而样板房布置得合理与否将影响成交率。

（1）样板房的 3 种形式

① 在已售或待售大楼内做的精装修样板房；

② 在待售大楼内按交付标准做的样板间；

③ 根据实际套型所做的临时样板房（如按 1∶1 比例进行木制等）。

（2）样板房布置的要点

① 样板房的设置地点和楼层要求能方便参观，易于交通路线的组织，与已建设施、环境等结合起来，尽可能地体现小区的环境、区位、景观等优势。

② 样板房套型的选择要求是公司主打套型以及必须通过样板房展示才能加深客户的理解的套型。

③ 样板房的布置应包含从售楼处到样板间沿途的布置（包含楼梯、厅堂、电梯、绿化等）；

④ 样板房的布置应针对目标客户群进行设计，样板房设计应充分展示套型特点，并通过装修引导人们的生活方式，引起人们对产品的认同感。

⑤ 样板房、样板间必须确保人流的安全，方便现场施工。

（3）公司小区样板房精装修的作业流程

① 销售部根据实际需要安排样板房地点、初步设想以及概算；

② 报请公司研究批准；

③ 销售部安排样板房的装修及装饰方案设计、调整（或会同技术经济部直接进行方案、施

工捆绑式招标）；

④ 技术经济部负责预算控制，销售部技术经济部共同组织施工招标；

⑤ 报公司批准；

⑥ 以销售部为主会同工程、材料、技术经济等部门组织装修方案的实施和验收。

## 六 楼盘广告形象

在一个完整的楼盘项目的推广过程中，广告费用一般占到了整个销售总金额的2%左右，一些大企业甚至会远远超过这个比例。不论是平面广告还是电视广告，都要按照楼盘的定位和目标顾客的要求来进行设计，楼盘标志、标准字、象征图案、标准色等要在广告中统一体现，它们的组合是有要求的，不能胡乱排列。

要根据目标顾客的类型的人来确定：

① 用什么样的语言风格，是朴素无华的，还是辞藻华丽的；

② 用什么样的设计风格，要看目标顾客的心理需求及文化背景；

③ 用什么样的版面，多大、怎么排列才能体现风格；

④ 投放在哪类媒体上。为什么楼盘广告不在三轮车及出租汽车上做？因为这会降低楼盘的品牌形象。

### 链接

#### ⬇ 5种常见的房地产广告形式

表4-14 5种常见的房地产广告形式

| | |
|---|---|
| 户外广告 | 看板、高炮、道旗等 |
| 报纸广告 | 软广告（软文）、硬广告（NP）、杂志广告等 |
| 多媒体广告 | 电视广告（CF）、电台广告（RD）、楼宇广告等 |
| 派发广告 | DM、海报、派报等 |
| 销售道具 | 楼书、销平、折页、展板等 |

## 七 项目公关形象

公共关系作为企业有效展示形象的一种手段和工具，已被越来越多的企业所使用，但是如何结合房地产楼盘营销又是一项新的课题。

做公关应该有两部分内容：正面向上的公关，也就是锦上添花；危机公关，也就是雪中送炭。对于楼盘适时举办一些公关活动，传达形象是必不可少的。

## 八 服务品牌形象

房地产品牌包括三个部分：房地产物业品牌、房地产服务品牌和房地产企业品牌。其中，房地产企业品牌往往宣传力度最大，影响范围最广。房地产物业品牌和房地产服务品牌是房地产企业品牌的延伸。良好的物业品牌具有较长远的影响力，会促进服务品牌和企业品牌的形成和不断发展，而一个强有力的房地产企业品牌又是对房地产服务品牌和房地产物业品牌的内在保障。不同的房地产企业以及房地产产品所蕴含的个性、品位、品质以及所针对的受众群体是不同的，因此一个房地产品牌不但要体现出房地产企业和房地产产品的特点，还要能够充分吸引特定房地产受众的注意。

### 1. 房地产品牌的 4 个作用

强有力的房地产品牌往往能发挥出以下几个作用：

（1）提高消费者对房地产产品缺陷的承受能力

各种楼盘都会存在或多或少、或轻或重的品质缺陷，品牌楼盘的品质缺陷往往在人们的承受能力范围内，而且品牌楼盘能够凭借其品牌魅力和品牌影响力最大限度地减轻消费者对于房地产产品缺陷的不满。

（2）加快购房者购买决策的速度

对于绝大多数购房者来说，房屋购买大多数情况下是一项影响购房者一生的重大购买决策，因此购房者的房产购买决策时间一般都比较长。由于房地产产品是一种典型的后验性商品，单价又非常高，消费者对房地产产品存在的顾虑也相对较多。而有力的企业品牌、服务品牌以及物业品牌是对企业信誉和房地产产品质量的一种保证，能够在一定程度上削减购房者对于房地产产品的种种怀疑和顾虑，提高购房者对于房地产企业的信任度，从而达到加快购房者购买决策速度的目的。

（3）降低房地产产品的需求价格弹性

一方面，良好的房地产品牌，能够在一定程度上增加房地产产品的不可替代性，使消费者对于房地产产品价格的敏感度降低；另一方面，现有房地产企业已经有了一定程度的品牌基础，因而对企业品牌的宣传和房地产产品的宣传投入并不是很多，而新进入房地产行业的竞争者需要花费高额的成本来塑造企业形象，宣传企业产品。这就使得，当其他成本相当时，现有房地产企业品牌会在激烈的市场竞争中占据绝对的优势地位，因此有利于房地产品牌巩固原有受众，并且在竞争中发展新的消费群体，从而实现通过房地产的品牌效应增加产品附加价值，进一步实现产品增值的目的。

（4）增强房地产企业的竞争力

良好的房地产品牌，不但是房地产产品高质量、高信誉度的体现，也是房地产企业高市场占有率、高效益的体现，这既能增加企业和产品对消费者的号召力，也使其在激烈的市场中具有更强的竞争力，甚至还能为消费者带来优越感和成就感。由此可见，房地产企业品牌形象的建立，意味着更高的产品品质和更好的物业服务，这对企业的规模扩大和持续发展起到了一定的促进作用。而企业的壮大又能带来更大的品牌效益，从而实现企业市场份额占有率、经济效益、企业综合实力以及市场竞争力的提升。一个企业、一种商品、一套服务的品牌形象的形成，与其独特的标志设计密不可分，可以说别具一格并能够充分体现企业和品牌特点的标志是树立企业品牌形象的基础。

## 2. 房地产服务形象

服务的形象主要是指物业管理，怎样在楼盘的正常使用中，创造一个真正和谐、美丽、宁静的社区文化，这就要求物业管理人员的行为形象、效率形象、语言形象、服饰形象等要有一个标准的规范化，使楼盘的形象能够保持一种旺盛的势头。

# 第五章
## Chapter Five

# 大盘项目的价格定位策略

产品价格是影响销售的一个关键因素,特别是像房地产这种销售周期长的产品,不同周期应该定什么价格,各种产品应如何体现价格差异都大有考究。如何进行价格定位,如何选择定价策略,是项目整体定位中必须认真考虑的问题。

## 第一节 项目价格定位基本概况

做房地产产品的项目价格定位之前,要先了解房地产价格基本概况和规律。其中包括房地产价格构成,房地产价格的特征,价格定位的目标以及价格定位的原则。

### 一、大盘项目价格的构成科目

从便于测算各构成项目金额的角度,来划分房地产价格构成,通常分为以下 7 大项。

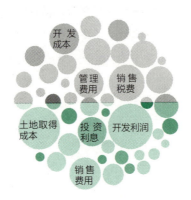

图 5-1 项目价格的 7 大构成

#### 1. 土地取得成本

土地取得成本是指取得房地产开发用地所必需的费用、税金等。

在完善、成熟的房地产市场下,土地取得成本一般由购置土地的价款和在购置时应由房地产开发商(作为买方)缴纳的税费(如契税、交易手续费)构成。

在目前情况下根据房地产开发用地取得的途径，土地取得成本的构成可分为如下3种：

① 通过征收农地取得的，土地取得成本包括农地征收中发生的费用（包括土地补偿费、安置补助费、地上附着物和青苗补偿费）和土地使用权出让金等。

② 通过城市房屋拆迁取得的，土地取得成本包括城市房屋拆迁中发生的费用和土地使用权出让金等。

③ 通过市场购买取得的，如购买政府招标、拍卖、挂牌出让或者房地产开发商转让的已完成征收或拆迁补偿安置的熟地，土地取得成本包括购买土地的价款和在购买时应由买方缴纳的税费等。

## 2. 开发成本

开发成本是指在取得房地产开发用地上进行基础设施和房屋建设所必需的直接费用、税金等。理论上，可以将开发成本划分为土地开发成本和建筑物建造成本。

表 5-1　实际中的开发成本

| 开发成本 | 具体内容 |
| --- | --- |
| 勘察设计和前期工程费 | 包括可行性研究，工程勘察，规划及建筑设计，施工通水、通电、通路及平整场地等开发项目前期工作所发生的费用 |
| 基础设施建设费 | 包括所需要的道路、供水、排水、供电、通信、燃气、热力等设施的建设费用。注：如果取得的房地产开发用地是熟地，则基础设施建设费已部分或全部包含在土地取得成本中，在此就只有部分或没有基础设施建设费 |
| 房屋建筑安装工程费 | 包括建造房屋及附属工程所发生的土建工程费用和安装工程费用。附属工程如房屋周围的围墙、水池、建筑小品、绿化等 |
| 公共配套设施建设费 | 包括所需要的非营业性的公共配套设施的建设费用 |
| 开发建设过程中的税费 | —— |

## 3. 管理费用

管理费用是指为组织和管理房地产开发经营活动所必需的费用，包括房地产开发商的人员工资及福利费、办公费、差旅费等，可总结为土地取得成本与开发成本之和的一定比率。

因此，在估价时管理费用通常可按照土地取得成本与开发成本之和乘以这一比率来测算。

## 4. 投资利息

投资利息与会计上的财务费用不同，包括土地取得成本、开发成本和管理费用的利息，无论它们的来源是借贷资金还是自有资金都应计算利息。

因为借贷资金要支付贷款利息，自有资金要放弃可得的存款利息，即基于资金机会成本的考虑。

此外，从估价角度来看，房地产开发商自有资金应得的利息也要与其应获得的利润分开，不能算作利润。

## 5. 销售费用

销售费用一般包括五类：销售前期费、销售推广费、合同交易费、销售代理费和其他费用。单独设立销售机构的销售机构费用也计入销售费用。

图 5-2 销售费用的构成

（1）销售前期费

核算一些与销售相关的前期费用，主要分三类：不能出售的样板房装饰费用（包括硬装饰和软装饰），售楼处建造与装饰费用，其他不确定费用。售楼处建造与装饰费用分为两块，售楼处建造部分指的是临时搭建的售楼处，在房屋销售完毕后要拆除的那种建筑所需花费的建造费用，如果利用会所、商场或住宅来暂做售楼处，其建造费用在开发成本中反映，不在此处反映。售楼处装饰部分为售楼处的内部装修工程费用。其他为和房屋销售相关的一些其他前期费用，如样板房、售楼处的物业维护费等。

（2）销售推广费

主要是与销售相关的媒体广告费、广告制作费、展位费及展台搭建费、户外发布费、围墙彩绘费、宣传费、灯箱制作费、展板制作费和楼书印刷费等。

（3）合同交易费

预售合同或出售合同交易时开发公司所需交纳的交易手续费用，而非代收代付客户部分的交易费。另外还包括付给交易中心的网上服务备案费等。

（4）销售代理费

该项费用是销售费用中的主要费用之一，是开发公司委托代理公司进行销售所支付的佣金。一般开发商均和所指定的代理公司签订相关代理协议，根据合同上的有关条款支付销售代理费，该科目核算按代理合同计算的应付代理费，包括已付和已计提尚未支付的部分。

## 6. 销售税费

销售税费是指销售开发完成房地产项目后应由房地产开发商（此时作为卖方）缴纳的税费，又可分为如下两类：

①销售税金及附加，包括营业税、城市维护建设税和教育费附加（通常简称为两税一费）；

②其他销售税费，包括应由卖方负担的交易手续费等。销售税费通常是售价的一定比率，因此，在估价时通常按照售价乘以这一比率来测算。

## 7. 开发利润

现实中的开发利润是一种结果，是由销售收入（售价）减去各种成本、费用和税金后的余额。而在成本法中，"售价"是未知的是需要求取的，开发利润则是需要事先测算的。开发利润通常按照一定基数乘以同一市场上类似房地产开发项目所要求的相应利润率来测算。

## 二 房产价格的 4 个特征

房产价格与一般物价既有共同之处，也有不同地方。其共同之处是有三点：

①都是价格，都用货币表示；

②都有波动，受供求等因素的影响；

③按质论价；优质高价，劣质低价。

而房地产价格与一般物价相比，更表现出房产价格以下 4 个特征：

| 1 > | 2 > | 3 > | 4 > |
|---|---|---|---|
| 房地产价格实体构成具有两元性 | 房地产价格具有明显的权利价格特征 | 房地产价格具有明显的区域性 | 房地产价格总水平具有上升趋势 |

图 5-3 房产价格的 4 个特征

### 特征 1. 房产价格实体构成具有两元性

房产价格在其内涵上具有双重实体价格的性质,其中一部分来源于土地开发和房屋建设安装活动所形成的价值,另一部分来源于资本化了的地租。土地价格反映的是作为土地资源和资产的价值,其产生的直接原因是由于土地的所有或使用具有垄断性。至于房屋价格则与一般商品不同,是房屋建造过程中耗费的活劳动及物化劳动所创造价值的货币表现。

### 特征 2. 房产价格具有明显的权利价格特征

由于房地产本身空间的固定性和不可移动性,不像其他商品一样通过买卖可以转移到任何地点使用,而是一种权利关系的转移,因而房产价格实质上是权利价格。

房产权利包括两项:房产所有权和他项权利。这种权利体系称为"权利束",即房产权利是由一束权利组成的,房产所有权是最完全、最充分的权利,由此派生出租赁权、抵押权、典当权。同时,又由于房地产使用价值的多样性,对于同一种房地产不同的人所需要的用途不一样,相应所需要的权利也不一定相同,因而可以分享同一房地产的不同权利,这就形成不同权利价格,例如所有权价格、租赁权价格等。

### 特征 3. 房产价格具有明显的区域性

房产价格受房地产所处地理位置的影响很大。南方和北方、沿海和内地、市区和郊区、城市和乡村、大城市和小城市因土地条件、环境气候、基础设施以及经济发展水平等方面的不同,房产价格在市场上表现为同质同量而不同价。即使在同一城市内,建筑结构、标准、形式、年代、用料、装修设备、使用性质完全相同的房屋,只是由于建筑地段与环境条件的不同,房屋的价格往往差别很大。

### 特征 4. 房产价格总水平具有上升趋势

一般商品随着使用过程中的消耗磨损,其价值逐渐减小,但房产却具有保值性和增值性,房产价格有日趋上升的势头。原因包括:

① 随着社会与经济的发展、人口增长,对房地产的需求日益增加;

② 房产的供给受种种条件的限制;

③ 公共投资增加了房产的效用。房产的保值性与增值性集中体现在土地上,土地具有永续性,其本身不存在折旧。

## 三 项目价格定位的 5 种不同目标

项目价格定位常用的三种目标：以赚取最大利润为目标，以提高市场占有率为目标，为了维护企业品牌以稳定价格为目标。

在特殊时期，开发商为了尽快脱手也会采取过渡价格目标，或者会为了应对竞争对手而采取竞争价格目标。

在房地产领域，有 5 种被广泛使用的目标式价格定位法：

图 5-4 项目价格定位的 5 种目标

### 目标 1. 最大利润

利润最大化目标是指以获取最大限度的利润为定价目标。

房地产价格始终是购房者、开发商以及竞争同行最敏感的问题。当同地区有多个楼盘参与销售竞争时，在楼盘素质相近的情况下，价格较低者往往能取得良好的销售成绩。

在定价之前，作为开发商应做的工作是：仔细研究同区竞争对手的定价；研究对手有关楼宇设计、施工质量、建筑材料、销售手段等方面资料，然后再制定具有竞争力的价格。

一般可以同地区同类房屋市场占有率最高的楼盘价格为基础价格，考虑自身位置、设计、技术水平、配套设施等不可或缺的因素，以高于或低于竞争者的价格出售，如高于基础价格，必须具备超过竞争者的有利条件，使顾客愿意支付较高的价格。

"以取得最大利润"作为定价目标，是个抽象的数字，一个大前提。如果要将目标具体化，也可将投资利润率作为定价目标。即在总体投资基础上加上事先确定的投资利润率，计算出售楼的价格。

在房地产热火朝天的 20 世纪 90 年代初，房地产市场的投资收益率可高达 40%。当市场趋于成熟和规范以后，房地产的平均利润仍可能高于社会平均利润，以高风险、高回报为特征的房地产平均利润将可在 10%~20%。

## 链接

### ⬇ 两条实现利润最大化的途径

**① 通过追求高价位而使利润最大化。**

当某宗房地产品质优越、独特性较强，不易被其他房地产产品所替代时，按较高价格销售可为销售者带来丰厚利润，但高价位要有市场认同，如果市场不认同，价高无人购买，高价位也不可能带来高利润。

**② 通过扩大房地产销售量而使利润最大化。**

销售者根据房地产市场状况制定一个合适的价格，通过促销激发需求，同时增加供给，也可以获得更多的利润。

利润是个综合性很强的指标，尤其对房地产项目而言，从预售开始到销售结束往往需要很长时间。所以以利润最大化为定价目标，要考虑各种因素对房地产价格的影响，动态地分析企业的内部条件和外部环境，将市场相关因素和公司经营战略有机地结合起来，在可行的基础上追求和实现利润最大化。

### 目标 2. 提高市场占有率

市场占有率是指在一定的时期内，企业产品的市场销售量占当地同类产品市场销售总量的比例。市场占有率是房地产企业经营状况和产品竞争力状况的综合反映，市场占有率的高低关系到房地产企业在市场中的地位和兴衰。市场占有率高意味着企业的销售数量大，竞争能力强；市场占有率低意味着企业的销售数量小，竞争能力差。

提高市场占有率的定价目标并不意味着价格一定要比别人的低，而是要能够较快地实现房地产销售。这种具有竞争力的价格，要与房地产产品的品牌、品质、信誉、服务等相联系。同时，提高市场占有率的关键还在于扩大房地产的产量和市场促销等。

## 链接

### ⬇ 市场分析的三个方面

**① 对市场环境的分析。**

分析市场供求关系、市场总体价格水平、市场经济政策等。

**② 对竞争对手分析。**

分析竞争对手的竞争能力、竞争对手的房地产产品的品质及价格水平等。

③ **自身条件分析**。

分析自身目前的竞争能力、自身产品的品质和特点等。通过充分的市场调查和市场分析，制定出合理的价格。

### 目标 3. 稳定价格

稳定价格目标是指在定价时以稳定的市场价格为目标。稳定的价格给人以产品信誉高、企业形象好的印象，有利于在行业中树立长期优势。良好的企业形象是无形资产，只有精心维护，才能源源不断地创造产品附加值，是企业赢得市场、赢得消费者的重要条件。

稳定价格并不等于价格绝对不动，始终按一种价格销售。由于房地产的不可移动性和独一无二性以及影响房地产价格的因素在不断发生变化，特别是房地产自身价值（生产成本）和市场供求关系的变化，房地产销售不可能自始至终实施和推行同一种价格。所以，稳定价格是指相对稳定，而不是绝对稳定。就同一种房地产产品（同一楼盘）而言，稳定价格是要求前后销售的价格相对保持一致，不要有太大的波动。

另外，增强企业形象的定价目标应该与企业长期战略相一致。拥有较高市场占有率的行业领导型企业适宜选用稳定的产品定位和稳定的价格策略。

### 目标 4. 过渡价格

过渡价格目标是指在特殊时期开发商为了某种特殊目的而采取的特殊定价目标。大部分情况下是当市场行情急转直下时，企业以保本销售或尽快脱手为定价目标。例如当房地产企业受到建材价格上涨、同行业竞争激烈等方面的猛烈冲击时，商品房无法按照正常价格出售，为避免倒闭，企业往往推行大幅度折扣，以保本价格甚至亏本价格出售商品房以求收回资金，维持营业。也有的时候，为了应对竞争者的挑战，企业可能以牺牲局部利益，遏制对手为定价目标。

但是，这种定价目标只能作为特定时期内的过渡性目标。一旦出现转机，过渡性目标就应让位于其他长远定位目标。

### 目标 5. 竞争价格

价格竞争是市场竞争的重要方面，处于激烈市场竞争环境中的房地产开发企业，可以寻求直接应对竞争者的价格，并经常采用价格变化作为竞争手段。

## 四 价格定位的 3 个原则

项目的价格定位需要遵循以下 3 个原则：

图 5-5 价格定位的 3 个原则

### 原则 1. 要在定价范围内浮动

合理的市场价格不是一个价格点，而是一个范围，开发商制定的价格表要有一定的浮动范围，定价不能太低，不然亏了，定价不能太高，不然卖不出去。一般来说，价格的高低就像量变到质变一样，在一个范围内呈现比例关系，过低就会出现抢购，过高就会卖不出去。

### 原则 2. 反映市场供求

价格制定者应掌握和运用市场比较定价法，广泛选择竞争项目或可比项目。通过与他们之间的对比来确定这些项目与拟定项目之间的差异，了解竞争项目或可比项目的销售价格、销售时间、销售量，结合本项目的定价目标，确定本项目的价格范围。

确定的价格既要能够反映项目品质，又要能够保证在预期时间内销售出去；一个项目的价格也不能定得太低，否则出现抢购现象，这两种结果都没有正确反映市场正常的供求。

### 原则 3. 体现物业价值

确定房地产价格，要能够体现物业的真正价值。影响物业价值的因素主要有物业所处的位置、物业竞争性、物业品质、基础配套设施完备程序、公共配套设施完备程度等。一般来说，物业所处的位置主要看物业的环境，不同类型的物业对环境要求重点存在差别，住宅物业关注的重点在于城市交通、景观、公共配套设施；商业物业的关注重点在于商业聚焦人流程度及可驻性等。

住宅房地产销售价格是由众多影响因素共同作用的结果。因此，要制定合理的销售价格，就必须了解和掌握各种影响因素对住宅销售定价的影响。住宅项目价格定位影响因素主要来自四个方面：一般影响因素、区域影响因素、个别影响因素和其他影响因素。

图 5-6 影响项目价格定位的 4 大因素

一般影响因素是指影响住宅房地产销售定价总体水平的整体性宏观因素，同时也是影响住宅房地产销售定价的一般的、普遍的、共同的因素。从影响因素的性质看，可分为社会因素、经济因素和政治因素。

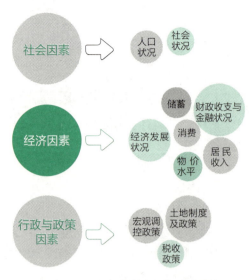

图 5-7 影响项目价格定位的一般因素

## 1. 社会因素

社会因素可以从人口状况和社会状况两方面进行分析。

（1）人口状况

住宅房地产商品的需求主体是人，人口数量及密度、人口素质、家庭人口构成状况对住宅房地产销售定价有很大的影响。

人口数量及密度和住宅房地产销售定价的关系非常紧密，人口数量多、人口密度较大的区域，住宅房地产销售价格一般都较高。

人口素质的高低决定着人们的追求欲望大小。社会越文明、文化越进步、收入越高，人们对住房环境、基础设施完备度以及住房面积等就会有更高的要求。人口素质的提高，对社会稳定、经济发展都具有良好的促进作用，也必然带动住宅房地产销售价格上涨。

（2）社会状况

从社会状况的角度来分析，影响住宅房地产销售定价的因素包括社会治安状况和城市化进程等。

社会治安状况是指社会秩序的好坏，治安好坏必定影响房地产价格的高低。

城市化是指人口向城市集中的过程。由于城市化较高的地区人口相对比较集中，这就造成人们对住宅房地产商品的需求增加，从而导致住宅房地产销售价格上涨。

## 2. 经济因素

经济因素包括经济发展状况、财政收支与金融状况、居民收入、物价水平、消费、储蓄六方面。

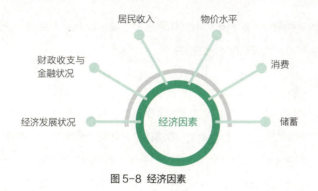

图 5-8 经济因素

（1）经济发展状况

经济发展状况是影响房地产市场及住宅房地产销售定价的根本原因。GDP 是反映经济发展状况的综合性指标，可以反映出经济发展状况与住宅房地产销售定价之间的关系。

（2）财政收支与金融状况

财政收支与金融状况是综合经济实力的反映，而货币供应量是财政、金融状况的外在表现。

货币供应量增加，即社会闲散资金增加，游资过剩会导致过多的货币竞相购买少数的物品，特别是购置可以保值的房地产，于是造成对房地产的需求增加，使住宅房地产销售价格上涨。

在金融状况比较良好、利率较低的地区，住宅房地产销售价格较高；而在金融状况危机、利率较高的地区，住宅房地产销售价格相对较低。

（3）居民收入

居民收入对住宅房地产销售定价的影响非常明显。购房者根据各自的收入情况来决定住宅面积等情况的不同要求，从而影响住宅房地产的销售价格。

（4）物价水平

物价的变动对住宅房地产销售定价有着很大的影响。由于房地产具有增值保值的特征，当物价上涨，通货膨胀时，人们为了获得增值保值，对房地产的需求就会增加，从而促使住宅房地产销售价格上涨。

不论一般物价总水平是否变动，某些物价的变动也会引起住宅房地产销售价格变动，如建筑材料价格和建筑人工费的上涨，会增加房地产的开发建设成本，从而推动住宅房地产销售价格上涨。

### （5）消费

消费是指人们为了满足生活需要而消耗物质产品和享受劳务的行为和过程，它是社会经济活动的一个环节。

恩格尔系数是衡量一个国家居民消费水平进而衡量经济发展水平的一个重要指标，它反映居民家庭食品消费占家庭消费总支出的比重。

### （6）储蓄

对一般家庭来说，人们储蓄的目的是为了资本的积累。由于储蓄利率低，居民储蓄增长在不断下降，为了避免损失，居民对储蓄的需求正逐步转化为对房地产的需求。人们会增加当期消费，或从银行抽出长期定期存款，转而进行具有保值增值特点的房地产投资，导致对房地产的需求的增加，使住宅房地产销售价格上涨。

## 3. 行政与政策因素

行政与政策因素主要是指一个国家或地区政府制定的一些相关的经济政治制度、法规、政策和行政措施对住宅房地产销售定价的影响。其中宏观调控政策、土地制度及政策、土地出让方式、城市发展规划、土地利用规划和税收政策等对住宅房地产销售定价的影响特别明显。

图 5-9 行政与政策因素

### （1）宏观调控政策

我国制定宏观调控政策的目的是要建立一个宏观、长效、动态的调控机制，通过调整，促进房地产市场进入一个供求基本平衡、结构基本合理、价格基本稳定的健康发展轨迹。政府通过制定住房制度和政策、价格政策、财政、金融政策等一系列措施进行宏观调控。

通过住房制度改革来加快住房建设，改善居住条件，满足居民不断增长的住房需求，调节住房供给来影响住宅房地产销售定价；政府通过制定合理的价格政策来指导房价，从而影响住宅房地产销售定价。通过财政、金融政策加强宏观调控，既调节房地产供给，又调节房地产需求，调整供求关系必然影响住宅房地产销售定价。

（2）土地制度及政策

不同的土地制度和政策对地价会产生不同的影响，同时土地制度和政策对地价还具有很强的制约性。在市场经济条件下，制定科学合理的土地制度和政策，不仅使国家作为土地所有者的利益得到体现，而且通过市场形成合理的土地使用权价格，大大促进了土地的有效使用；同时，政府每年的土地供给计划，会影响到土地市场上的土地供应量，从而影响到地价的变化。地价的变动会对住宅房地产销售定价产生直接的影响。

（3）税收政策

税收政策与住宅房地产销售定价有很大的关系。对房地产开发企业而言，赋税增加势必导致土地购置费用和项目开发成本增加，企业为了获得预期收益，必然会提高住宅房地产销售价格。反之，会降低住宅房地产的销售价格。

## 二 区域影响因素

区域影响因素是指住宅房地产所在地区的自然、社会、经济、政策等因素相结合所产生的地区特性对住宅房地产销售定价的影响因素。

图 5-10 影响项目价格定位的区域因素

### 1. 交通条件

交通条件是衡量地理位置好坏的重要指标，是区域影响因素的重要方面。主要包括道路通达度、交通便捷度、对外交通便利度等因素。交通方便，使经济资源和社会人文资源易于汇聚，能刺激服务业和商业的发展，会吸引大量置业人口，从而强化该地区社会经济文化发展的活力，进而促进住宅房地产销售价格上涨。

### 2. 基础配套设施

基础配套设施包括生活保障设施、文体设施等。

#### （1）生活保障设施

生活保障设施包括供水、供电、供热、燃气和排水等，另外还有生活垃圾的处理能力。基础设施配套完善的过程，就是房地产的升值过程。

#### （2）文体设施

文体设施包括文化教育、医疗卫生、体育娱乐等配套设施。教育环境对住宅房地产有着积极的推动作用，可以间接拉动房地产业的步伐，增加房地产含金量。教育配套设施好或者临近知名学校，不仅增加了房地产的人文色彩，还大大提高了房地产的附加值，使得住宅房地产销售价格上涨。小区有完善的医疗设施或者临近大型的医院，方便人们就医，会抬升住宅房地产销售价格。临近大型文化体育设施对房地产的品质有提升的作用。

### 3. 区域繁华程度

商业的繁华程度反映了社会财富的聚集度和社会信息、物资与人员的聚集程度，同时也是城市功能的重要指标。商业的聚集程度越高、服务项目越齐全，对顾客的吸引力越大，带来的收益和利润越高。距离城市商业中心越近的住宅项目，销售价格就越高。

### 4. 环境因素

同一城市的不同区域或地段，环境质量有较大的差异。对于环境质量差的区域，环境污染严重影响了居民的身心健康，降低了人们的生活质量，住宅房地产销售价格必然很低；对于环境质量好的区域，空气清新、水源洁净，更加贴近自然，能够提高购房者的生活质量和舒适性，住宅房地产的销售价格较高。

### 5. 区域规划因素

区域规划是在规划地区内，从整体与长远利益出发，统筹兼顾，因地制宜，正确配置生产力和居民点，全面安排好地区经济和社会发展长期规划中有关生产性和非生产性建设，使之布局合理、比例协调、发展速度快，为居民提供最优的生产环境、生活环境和生态环境。区域规划合理的地区，住宅房地产的销售价格较高。

## 三 个别影响因素

个别影响因素是房地产的个别特性对住宅房地产销售定价的影响，是决定相同区域住宅房地产出现差异价格的依据。

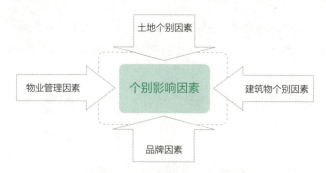

图 5-11 影响项目价格定位的个别因素

### 1. 土地个别因素

土地个别因素是指宗地自身对住宅房地产销售价格的影响。土地个别因素是同一均质地块差异性和同一区域内地价差异的重要原因。地价的变动会引起住宅房地产销售价格的变动。

### 2. 建筑物个别因素

建筑物个别因素包括建设成本、建筑的舒适性与便利性等。

（1）建设成本

房地产销售价格是一定成本基础上的价格。一般来说，成本越高，投入越多，房地产的供给价格越高。

（2）建筑舒适性

建筑的舒适与否是一个人的生理与心理的综合感觉，与结构空间、建筑风格和外观、环境等多方面因素有关。对于建筑来说，与人关系最密切的莫过于建筑结构空间所能提供的功能性特征，结构空间设计直接影响到人的精神感受。

当建筑物的面积和户型合理，单元设计充分考虑了各种使用空间的适宜尺度和现代住宅功能空间的完整配置，建筑朝向和楼层保证了建筑物良好的通风、采光时，就能充分满足人的心理认同感，给人的舒适度就高，从而提高销售价格。

当建筑物的风格和外观充分体现了建筑的内在品质，给人新颖和优美的感觉时，销售价格就高；由绿艺、建筑小品、广场、花园组成的社区环境会给人带来生活的舒适感，销售价格也会相应地提高。

（3）建筑便利性

建筑的便利性是指其所在位置和设施等给人们所带来的方便程度。便利性越高的项目价格越高。建筑的便利性包括交通、停车位、市政设施、配套设施、公共服务和健康娱乐等。

交通

是指距交通干道的距离是否合适，有多少条公交线路经过楼盘，给人们出行所带来的方便程度；

停车位

是指是否有充足的停车位，给人们停车所带来的方便程度；

市政设施

是指市政基础设施是否配套齐全，接口是否到位，它包括供电系统、燃气系统、排水系统和通信系统；

配套设施

是指楼盘是否配备排水、燃气、采暖、通风、空调、灭火报警、疏散、环境卫生、安全防盗和无障碍设施；

公共服务和健康娱乐设施

是指是否具有娱乐、购物、休闲、医疗、餐饮和教育等设施来满足人们的日常需求，给人们生活所带来的方便程度。

### 3. 品牌因素

品牌是内在品质的表现，就是知名度或消费者认同度的反映。品牌的好坏直接影响着销售价格的高低，购房者一般是通过对品牌的了解直观地判断房地产品质的高低。

### 4. 物业管理因素

物业管理是指居住和非居住物业的产权人委托物业管理企业按合同以住户的根本利益为出发点,对业主及物业提供的一系列服务。物业管理水平将直接影响到住宅房地产的销售定价。

物业管理包括房屋周围的环境、清洁卫生、安全保卫、公共绿化、道路养护、多方面综合性服务等,是集管理、经营、服务为一体的有偿服务。企业形象和品牌好的物业公司,能够为购房者提供高水平高标准的服务,能够提高购房者的生活质量。

## 四 其他影响因素

影响项目价格定位的其他因素包括企业定价目标、消费群体特征、土地出让方式等。

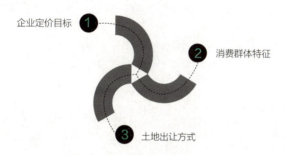

图 5-12 影响项目价格定位的其他因素

### 1. 企业定价目标

房地产企业在开发一个楼盘时,其开发目标均存在多元化特征,且目标的侧重点会随着开发时期不同而变化,因此企业对住宅销售定价的制定有相应的要求。

根据目标侧重点不同,制定合理销售价格有利于项目开发目标的实现。当楼盘独特性较强,不易被其他产品替代时,就能以获得最大限度的利润为定价目标,因此,楼盘销售价格就高。

当房地产企业属于正在成长型的企业,可以通过薄利多销的经营方式,达到以量换利,提高市场占有率,这时楼盘的销售价格相对较低。

在同一区域内,相同或相似的楼盘较多时,房地产企业为了能提高楼盘的销售量,尽快收回成本并获利,制定了比竞争对手更低的销售价格,这时楼盘的销售价格低。

拥有较高市场占有率的行业领导型企业常选用树立企业品牌的定价目标,企业通过制定高的销售价格能给人们以信誉高、公司经营稳健的印象。

### 2. 消费群体特征

购房者所处的消费群体不同，对住宅房地产的销售价格也会产生很大的影响。房地产企业在制定销售价格的时候，要根据自身楼盘的类型、特点和购房者类型来进行定价。有一定的储蓄但并不充裕的购房者，对房屋销售价格非常敏感；具有相当强的经济实力的购房者，对房屋销售价格比较敏感；收入水平高的购房者，更加关注生活质量和生活品位的提高，对房屋销售价格不敏感。

### 3. 土地出让方式

土地出让方式主要有协议、招标、拍卖、挂牌四种。不同土地出让方式造成地价的不同，而地价占房价的比重比较大，一般达到房价的 30%~50%，所以土地出让方式的不同会影响到住宅房地产销售定价。

## 第三节 楼盘项目定价的重要程序

价格体系放置在某一个具体的房地产项目中，指该项目内所有可售房源依据影响客户购买或选择时的敏感因素（包括其所处位置、景观条件、朝向条件、面积、户型等）所制定的价格相互关系的有机整体，体现了各套房源价格之间联系、相互制约的内在关系。为房地产项目做价格定位，需要综合考虑各种影响因素，并按照一定的流程，确定项目的最终价格与销售方式。一般来说，项目的定价有以下的基本程序。

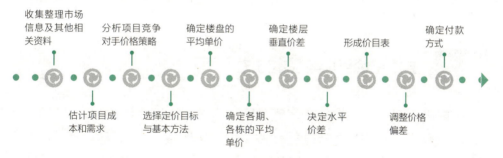

图 5-13 项目定价的基本程序

### 一、收集整理市场信息建立费用数据基础

主要搜集开发楼盘所在城市、区域，尤其是标的物附近同档次楼盘的资料，其中包括楼盘位置、区域与个别因素、房屋装修、均价、单元价等内容。同时，在企业内部整理楼盘开发过程中的各种费用数据。

## 二 估计项目成本和需求

在进行项目价格定位之前必须掌握楼盘的成本结构，准确估计楼盘的各项建造成本、销售费用、管理费用以及筹资费用。就地产市场而言，期房的定价比现房定价更为复杂。因为相对于现房而言，期房在定价时有许多成本核算及费用尚未发生，必须依赖于预测和判断。

估计项目的需求是对项目在不同价格水平下，估计消费者可能产生的需求变动。通过对消费者需求量变动的估计可以大致确定楼盘的价格水平，确保楼盘得到最大限度的利润。

## 三 分析项目竞争对手价格策略

这一步骤的作用在于分析项目和竞争者之间的差异程度。了解不同项目的不同特征对价格的影响，并进行初步的量化分析，找出本项目在产品性质、特征上的优势，根据竞争者的价格确定适合自己的价格水平。

## 四 选择定价目标与基本方法

在进行项目定价之前，必须对楼盘的营销目标进行深入研究，考虑竞争环境，权衡地产营销中的各种关系，依据楼盘的定位、发展商自身的经济实力，确定合理的定价目标。如定位于高档豪华商品房，则可选择最大利润定价目标；如中小规模发展商可采取应付与避免竞争的目标，然后根据定价目标确定应采用的基本方法。

## 五 确定楼盘的平均单价

任何一个楼盘首先须决定其整体价格水准，也就是一般所俗称的"平均单价"。虽然发展商在开发土地之时，通常会预估一个单价水准，但到了真正公开销售之前常常由于市场竞争、时机差异、产品规划及开盘目标等因素的影响，有必要再确定"平均单价"水准，以作为细部价格制定的依据。

## 六 确定各期、各栋的平均单价

一旦决定了平均单价,若为大规模楼盘,预计分期销售,则可就各期制定平均单价;若个案规划为数栋建筑,则可评价各栋差异因素及程度,例如栋距、楼层数、景观等,从而决定各栋之平均单价。除了评估差异条件之外,还须检视各期或各栋的可销售面积,使各期或各栋的平均单价乘以各自之可销售面积的总和,等于楼盘之平均单价乘以全部可销售面积的总和。

## 七 确定楼层垂直价差

垂直价差主要是指楼层高度之不同所产生的价格差异,通常以每平方米的单价差额来表示。一般在制订垂直价差时,常会先决定一个基准楼层,使基准楼层的单价等于该栋建筑的平均单价,然后再评估其他楼层与该基准楼层之间价格差异的程度,从而制定楼层间的相对价格,并使各楼层相对价格的总和等于零。

### 1. 垂直价差的分布规律及定价过程

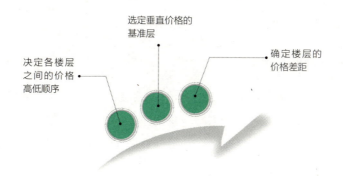

图5-14 垂直价差的分布规律及定价过程

随着城市规模的不断扩张及城市化的进程加快,楼盘已从一般多层发展到带电梯的小高层、高层及至摩天大楼,使得垂直空间的价值判断准则变得更为复杂。一般而言,除非楼盘的最底几层(一般为5层以下)因商业用途而使楼盘的价值随楼层的增高而减少外,对于带电梯的住宅而言,楼层越高,楼价越高;反之,则低。高层住宅部分的顶楼,相对其他楼层,有价值较高的特殊性。

根据这一原则,在实际操作中宜就垂直楼层区分价值等级。以一般带电梯住宅(1楼为商业用)为例,均可按基层分为2楼以上到顶楼的各个部分。

①决定各楼层之间的价格高低顺序。

就2楼以上而言,不论是小高层,还是高层,其最高单价楼层几乎全在顶楼,最低单价楼层则为2楼,至于其他楼层之间价格高低的顺序可以依据实际情况划分等级。顶楼之所以价格最高,主要在于私密性好、采光、通风、视野等较佳,而且楼层越多,顶楼的价格也越高。

②选定垂直价格的基准层。

一旦决定了各楼层之间价格高低的顺序之后,接下来即需选定垂直价格的基准层,即垂直价差为0的楼层。其他楼层即可根据基准层来制定正负价差。有关基准层的确定一般须视住宅楼层的数量而定,且以取价格顺序居中的楼层最为常见,如楼高为7层的多层,可选择4楼为基准层,14层的小高层可选择7楼或8楼作为基准层等。

③确定楼层的价格差距。

至于各楼层与基准层的价差也因产品而异。如多层住宅高度较低,各楼层的采光、通风等条件基本相同,因此,楼层的价格差距一般在50～100元/平方米左右。而高层住宅,特别是二三十层的高层,与基准层的价格差距为100～200元甚至更大,顶楼或次顶楼的价差往往在500～1000元以上。

## 2. 影响垂直价差的因素

制定垂直价差,最高与最低单价的价差,可反映各楼层之间可能存在的价差空间。楼层数越多,则最高与最低单价楼层的价差也越大。影响垂直价差的因素主要有楼层数、市场状况以及目标客户的购房习性等。

图5-15 影响垂直价差的3个因素

因素 1. 市场状况

当市场状况较好时，价差幅度大；反之，当市场状况不佳时，价差幅度小。

因素 2. 均价水平

当房地产产品单价水平高时，价差幅度大；当房地产产品单价水平低时，价差幅度小。如平均单价在 10000 元的房地产产品，其最大价差幅度可能达到 2500 元；而单价 4000 元的房地产产品，其价差的最大幅度仅为 1000 元。

因素 3. 客户的购房习性

如果目标客户的购房习性比较保守（通常为区域性较强的楼盘），大多无法接受差异大的价格，因此，价差的幅度不宜过大；反之，若客户多来自本区域之外，或客户的背景多元化，则价差的幅度可较大。

## 3. 楼层的定价方式

一般而言，无论 1 楼是作为住宅还是商场来使用，其价格制定的方式大多以 2 楼以上平均单价的倍数来计算。

（1）1 楼作为住宅的定价方式

1 楼若做住宅，其价格大约为 2 楼以上平均单价的 1.1~1.3 倍。倍数的大小视环境、配套设施、绿化宽度或庭院大小来确定，具体表现为：

① 附近的环境优良，适合住家，则价差的倍数较大；反之，则倍数较小。

② 配套设施完善，例如邻近即为公园，则倍数较大；反之，则倍数较小。

③ 庭院的面积大，且形状方正实用，则价差的倍数就大。

（2）1 楼作为商铺的七个定价方式

若 1 楼作为商铺使用，由于商铺与住宅的价值差异较大。因此其价格与 2 楼以上的平均价格的差距可能达到 2.5~5 倍。倍数的大小受行业结构、商业规模、附近商铺的开店率等因素的影响，具体表现为：

① 附近商铺的开店率高，商业气氛已形成，则价差的倍数大；开店率低，商业气氛还未形成，则价差的倍数就小。

② 附近行业结构偏重于零售、服务等行业，则价差的倍数就大；若附近行业的结构多为小作坊（如皮革加工、建材店等），则价差的倍数就较小。

③ 楼盘所在的位置商业规模大，则价差倍数就大；如果商业规模小，则价差倍数就小。如1楼商铺是为小区居民所设，规模小，则价差倍数就小；如果1楼商铺的服务对象为全市市民，规模大，则价差倍数就大。

④ 若2楼也作为商铺的规划，则2楼单价大多是1楼单价的40%~70%，百分比的大小可视情况而定。

⑤ 如果地区的消费习惯仅局限于1楼，很难延伸至2楼，则价差百分比就低；如果消费习惯已延伸至2楼，则价差百分比就高。如深圳东门消费者的消费习惯仅局限于1楼，因此，2楼与1楼的价差就非常大。

⑥ 如果2楼的商铺面积较大，则价差百分比就大；如果商铺面积较小，则价差百分比就小；如果2楼商铺的地区竞争较小，则价差百分比就大；如果商铺的地区竞争激烈，则2楼的价差百分比就小。

⑦ 若2楼有独立的出入口，进出2楼可以不通过1楼，则价差百分比就大；反之，价差百分比就小，如2楼可以直通过街天桥时，2楼的价差百分比就大。

以上分别说明2楼以上住宅单位与1楼单位的定价。通常2楼以上至顶楼的正负价差净值为零。1楼价格则为2楼以上楼层之平均单价或基准层单价的倍数。

（3）地下室的定价方式

至于地下室的定价，由于地下室不计容积率，且大多数地下室规划为停车场，其价值主要视当地停车场车位的行情而定。若地下室规划为住宅，其价格一般可定为1楼住宅的30%~50%。若地下室规划为商场，其价格大多为一楼商场的40%~60%。

## 八 决定水平价差

水平价差是指同一楼层各户之间的价格差异。通常是依据各楼层的平均垂直价格，评估同一楼层之间朝向、采光、私密性、格局等因素之优劣程度，定出同层平面中各户的单价，但同一楼层各户单价之平均值与原定平均单价相符。

## 1. 水平价差的分布规律

在制定水平价差时，需先确定同一水平层面的户数或单元数。

**单栋建筑**

如只有单栋建筑，则以同一楼层的不同户别制定水平价差。

**多栋建筑**

如果有多栋建筑，比较系统化的方式是先制定各栋之间的水平价差，再分别就各栋同一楼层的户别制定价差。

**建筑物各个楼层的户数都相同**

如果建筑物各个楼层的户数都相同，而且相对位置也相同（一般俗称这类楼层为标层），则只需制定一个楼层的水平价差，其余楼层均可参照。

**楼层户数不同**

如果楼层之间的户数不同，或者户数虽然相同，但相对位置却不同，则须各自制定不同楼层之水平价差。

**楼层环境不同**

还有一种情况是户数及相对位置均相同，但楼层之间的邻近环境却不同，6楼以下均有邻栋建筑，7~8楼则无遮挡，则会影响相互间的水平价差。

**直式建筑**

若为直筒式建筑，由于每层的平面规划均相同，因此仅订定一个水平差价，即可适用于各层；若是平面格局复杂，例如高度退缩式建筑，或每层之户数不相同，则就每种不同的平面格局订定水平价差。

## 2. 影响水平价差的因素

一般而言，影响水平价差的因素包括下列几项。

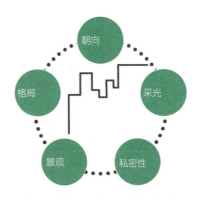

图 5-16 影响水平价差的 5 个因素

（1）朝向

朝向通常是指客厅的朝向，简易的判断方式以客厅临接主阳台所朝的方向为座向。传统的房屋朝向观念是"东南向最好、西北向最差"。但传统的住宅朝向观念也有所改变，而且空调机的普及削减了东、南、西、北方向的采光差别，反而窗外的景致更加重要。

（2）采光

采光通常指房屋所临接采光面的多寡或采光面积的大小。若以单面采光者为零，再以同楼层作比较，则无采光之暗房价差可减 100~200 元；二面采光者可比单面采光者多加 100~200 元；三面采光时则可由二面采光之价格再加 50~150 元；四面采光乃至于四面以上（如某些多边形造型之住宅），每增加一个采光面，每平方米加价 50~100 元。至于应采用何种调整幅度，则视暗房、栋距、道路宽度、日照、楼层位置等不同，而做上下调整。

（3）私密性

私密性是指私有空间与公共空间或其他户别私有空间隔离的程度，可用栋距来评估。至于应采用何种调整幅度，则视同一楼层之户数多少、管理好坏、防火间隔、与邻房高低差，及至大门入口距离等之不同，而做上下调整。

（4）景观

景观对于住宅购屋者而言，常具有决定性的影响力。在制定景观价差时，最好事先观察基地区域的现况图及城市规划图，以判别是否有遮挡、正对他户之屋角，以及潜在景观条件等因素。目前景观的有无已明显决定了楼盘是否具有竞争性，通常有景观房屋的售价可比无景观者每平方米多 300~500 元，甚至更高。若景观面不止一面，则每多一个景观面，每平方米可再增加 200~300 元。

（5）格局

在同一楼层中，平面格局最好与最坏之价格差距，最小以不低于100元，最大以不超过300元为可参考之适当价差范围。至于价差调整幅度，可根据格局形状、室内动线规划、产品价位、功能配置、室内空气流通等方面进行权衡。

水平价差制定的目的，在于适当反映同一水平层面各户之间相对优劣的程度。就预售楼盘而言，水平价差制定得越成功，各户销售的速度和可能性越一致。但由于水平定价相当依赖人员对各个价格因素主观的评定，因此，宜采用三至五人的评估小组提供专业意见综合考量。

### 3. 制定水平价差的程序

水平价差的制定程序主要包括以下几个步骤：

① 确定同一水平层面的户数或单元数。

② 确定单栋或多栋建筑物，如单栋建筑物，则以该栋同一楼层不同户别制定价差；如属多栋，则以同一层面不同栋别制定价差。

③ 确定影响水平价差之因素。

④ 评定（调整）各个因素对价格的影响程度。

⑤ 评定或调整各户或各栋别，并就各个因素的价差计算出个别价差。

⑥ 累计各户各栋别之正负价差总数。

⑦ 确定正负价差总数是否等于零。

⑧ 确定是否再进行单栋定价，并完成水平价差定价。

## 九 形成项目价目表

通过以上步骤，通过电脑试算选定2～3个方案后，进行如下调整：

① 划分总价/单价区段，最好用色彩标注。例如：总价<50万元，单价<5500元/平方米的，检查与销售阶段目标的配合程度。

② 根据目标客户感受，选择总价/单价表示，甚至是月供或每平方米月供表示。

③ 一次性印刷价目表会给客户以清晰、可以把握的好感觉。

## 调整价格偏差

经过了上面所述的各个步骤,可逐步制订出各户型的平均单价,但还需检核整体的平均单价是否与原先预定的相符。这时,可将各户的面积乘以各户的单价,得出楼盘全部的可销售金额,将此可销售金额除以全部可销售面积(即各户可销售面积之和),即得出所订定的平均单价。由于各户的面积大小不一,因此所得出的平均单价可能不等于原先所预定的平均单价,此时,可将差异金额等比例调整至相同。

## 确定付款方式种类

付款方式包括一次性付款、建筑分期付款、按时间付款、银行按揭和延期付款等。根据目标客户设计相适应的付款方式,并确定主打的付款方式。

图 5-17 常见的 5 种付款方式

### 1. 一次性付款

一次性付款是指购房者签约后,立刻将所有的购房款项一次性地付给发展商的一种付款方式。

(1)方式利索,缓解资金周转

这种付款方式干脆利落,避免了后期追讨余款的诸多麻烦,并且瞬间交纳的巨额现金又缓解了资金周转问题,是发展商最为希望的付款方式。作为一种回报,一次性付款都是有折扣的,小的九五折，大的八八折，这主要取决于该楼盘距离交房日期的远近和开发商对整个房地产市场近期涨跌的判断。交房日期远，折扣大；交房期近，折扣小。因为钱存银行是会生利息的，一次性付款的折扣实质上是购房者所交纳巨额款项的利息返还；另一方面，若开发商对整个房地产市场前景看好，资金周转也不成问题，从追求最大利润出发，一次性付款的折扣就小，相反，其折扣就大。

（2）购房者获得不少折扣

从购房者角度讲，一次性付款的最大优点则在于能打不少折扣，节约不少钱，但对众多购房者来讲，一次性付款的资金压力是很大的。进一步深究，不难发现，一次性付款其实很容易削弱购房者对开发商的约束，尤其是在房地产法律法规的立法和执法工作尚待进一步加强的时候，一次性付款之后所产生的诸如工程延期、造价上涨、资金追加等问题，都是购房者所无法控制的。一个聪明的购房者，往往是把自己所得的折扣优惠与所承担的风险损失作权衡考虑后，才作出自己的判断的。

## 链接

### ⬇ 设计折扣率的注意点

①折扣率一般在 8.5~9.8 折之间，超过两头的情况除非有意引导，一般情况下慎用；
②根据各付款方式的估算比例和折扣率，计算出综合折扣。
在综合折扣基础上考虑各种因素，形成最终折扣率：
①关系购房的面积比例和再折扣范围，如可以考虑客户情面，先预留 1% 的折扣率；
②销售过程中的促销用再折扣比例和范围，如举办促销活动，给予适当的折扣；
③尾盘的再折扣的比例和范围；
④分阶段上调折扣比例和范围。

### 2. 建筑期付款

建筑期付款是指整个购房款被分成若干比例，购房者依楼宇的施工进度逐一支付的一种付款方式。例如，签约付房款总额的 20%；工程基础完工付 20%；结构封顶付 30%；内外装修结束付 20%；交房入住付 10%。

建筑期付款是一种最为常见的付款方式。这种付款方式避免了购房者对发展商缺乏束缚的缺点，使其通过付款来监督工程的进度，是相对稳定和公正的一种办法。它的价格优惠或折扣少于一次性付款，有时甚至没有。

常见的建筑期付款不单是上面的形式，它还有至少两种变化：

① 付款比例的变化，即依工程进度前后各期所占份额的大小变化，有的楼盘签约就得付总房款的 50%，有的则到结构封顶才累计交纳总房款的 40%。

② 作为付款依据的工程期被进一步细分或减少。有的建筑期付款为每建几个层面就得付一次款，有的建筑期付款则只有签约、结构封顶和交房入住这三个付款期。而这一系列的变化和每种方式的确定，实质上从另一个侧面反映了发展商的财务状况的优劣或市场景气的盛衰。前期付款的比例小，或是付款期类别少，则是财务宽松或销售形势见好的迹象。

### 3. 按时间付款

按时间付款是介于一次性付款和建筑期付款中间的一种付款方式。简言之，就是购房者签约后，按时间分期逐一交纳房款。例如首期付房款总额的 20%，X 个月后付房款总额的 50%，再 X 个月后付 20%，交房时入住付清尾款 10%。

这种付款方式类似于建筑期付款，但两者有明显的不同。按时间付款的关键在于付款进度不与工程进度挂钩，因为这种方式的付款依据是时间而不是工程进度，而时间的延续并不等于工程的进度。当工程进度滞后于付款进度时，若购房者提出延期付款，从法律的角度讲是没有合同上的保证的。有些发展商习惯于将工程进度注明在每个间隔的时间段后面，利用购房者对各个工程期的时间间隔的模糊意识，促使其按时间进度付款，以争取自己的最大利益。同时，因为按时间付款，相对于一次性付款，没有资金上的压力，加上一些优惠或折扣，也会对购房者产生某种程度上的诱惑力。

### 4. 银行按揭

银行贷款是指购房者在购房时，向银行提出担保的质押文件，经银行审核通过后，取得房屋款项的部分的贷款，依抵押约定，按期按时地向银行偿还贷款本息，并提供该地产作为偿还的担保。若按约付完本息，则收回产权，若不能偿还贷款，则银行有权取得产权并予以出卖以清偿欠款。

内销房预售过去鲜有银行的按揭。1995 年以来，不仅有了许多银行的商业性贷款，而且还有具有福利性质的公积金贷款。购房者可根据自己的资金承受能力，选择相应的贷款比例和贷款年限。取得按揭的购房者在付清一定比例的前期款项后，按月分期交纳贷款本息，最大程度上减轻了付款压力。同时，更多的人也会惊喜地发现，通过银行按揭他们可以购买自己原先所无法想象的房屋。相应地,这也意味着发展商扩大了自己产品的客源层,销售率立刻提高,资金迅速回笼。另一方面,因为有银行方面的审核认可,对楼盘营建的风险担忧一扫而空,购房者则可省去许多这方面的烦恼。

近年来,银行按揭发展迅速,但因为整个市场机制的问题,还处于初始阶段。应该说,按揭付款是发展商、购房者、银行三方利益均涉及的一种付款方式,是普通居民得以购房的途径,也是商品房市场成熟的表现。

### 5. 延期付款

延期付款是指购房者交纳一定比例的前期款项,在交房入住(也可能从交房之前开始)以后的若干年中,按月分期付清剩余款项给发展商。

严格地说,延期付款在交房入住前交纳应该是建筑期付款,在交房入住后才交纳发展商贷款。为应付市场的不景气,有的"发展商贷款"的期限甚至高达四五年,付款利率甚至一概不计。对购房者来讲,这已不是减轻付款压力,而是变相减价的一种暗示。对发展商而言,采纳延期付款,一种情况可能是发展商实力雄厚,延期付款作为一种强劲的营销手段,迅猛出击,以掠夺市场;另一种情况可能是发展商已为强弩之末,延期付款为其拼死一搏,以尽快地售出积压房屋。当然,有的延期付款利率并不低,发展商是将其作为一种非主要的促销工具并列于其他付款方式之中。

## 链接

### ⬇ 延期付款的特点

延期付款不同于银行贷款,它只是发生于发展商和购屋者之间,并没有银行的介入。虽然有按揭的某些形式,实质上是建筑付款在交房后的付款延续,是房地产竞争白热化的产物。

## 第四节 楼盘项目定价方法选择

定价方法是开发商为了在目标市场上实现定价目标,而给产品制定一个基本价格或价格浮动范围的方法。在实际定价过程中,开发商往往侧重于对价格产生重要影响的一个或几个因素来选定定价方法,并以同地区同类房地产的市场占有率最高的楼盘价格为基础,综合考虑自身位置、设计、技术水平、配套设施等因素进行价格策划。

图 5-18 项目 3 种定价方法

### 一、成本导向定价

成本导向定价是一种按卖方意图定价的方法。其基本思路是在定价时,首先考虑收回企业在生产经营中投入的全部成本,然后加上一定的利润。它包括以下几种定价方法:

## 1. 成本加成定价法

成本加成定价法是一种以成本作为确定价格基础的定价方法，通过对成本、销量和预期利润三者的相互关系的分析，确定在某一销量下为保证企业预期利润所需要的最低价格。该方法的优点是能确保企业的预期利润，缺点是因过分注重预期利润而忽略了市场和置业者的接受度，如果楼盘成本过高，定出的价格有可能因高出市价几倍，而对销售人为地设置了一个瓶颈。

（1）计算公式

这种定价方法，就是在单位产品成本（含税金）的基础上，加上一定比例的预期利润作为产品的售价。所加的一定比例的利润称为"成数"。其计算公式为：

单位产品价格 = 单位产品成本 ×（1+ 加成率）

其中，加成率为预期利润占产品成本的百分比。

（2）优点

这种方法的优点是计算方便，可以简化定价工作，也不必经常依据需求情况作调整，在市场环境诸因素基本稳定的情况下，采用这种方法可保证开发商获得正常的利润。这种方法也存在着局限性：不利于开发商控制开发成本；没有考虑市场承受能力，有可能形成销售压力。

该方法的关键在于：加成率的估算应根据行业状况和产品特色正确把握。

## 链接

### ⬇ 巧用成本加成法

在目前的市场环境下，成本加成法得出来的价格往往是比较低的，会低于市场比较法得出来的价格，所以，这种方法得出的价格往往是开发商的销售底价。但当市场出现向下的拐点的时候，如果还是一味地按照成本来推算价格就会出现致命的错误，"随行就市"是最重要的。

成本加成法最关键的是开发商预期的利润高低，是 20% 还是 30%，是 40% 还是 50%。这就要看开发商的心态了。有一点是肯定的，任何一个行业都不可能永远暴利，最终都会趋于平均利润。随着行业竞争的加剧，开发商应该自动慢慢降低自己的利润预期，要动态地看问题，期望越大往往失望也越大，期望值低一点也许还会有意外惊喜。

## 2. 目标收益定价法

这种方法又称目标利润定价法，或投资收益率定价法。它是在项目投资总额的基础上，按照目标收益率的高低计算售价的方法。

（1）计算步骤

① 确定目标收益率。目标收益率可表现为投资收益率、成本利润率、销售利润率、资金利润率等多种不同的形式。

② 确定目标利润。由于目标收益率的表现形式的多样性，目标利润的计算也不同，其计算公式为：

目标利润 = 总投资额 × 目标投资利润率

目标利润 = 总成本 × 目标成本利润率

目标利润 = 销售收入 × 目标销售利润率

目标利润 = 资金平均占用额 × 目标资金利润率

③ 计算售价。根据总成本、目标利润和预计销售量来计算，计算公式为

单位产品价格 =（总成本 + 目标利润）/ 预计销售量

（2）优点

目标收益定价法可以保证企业既定目标利润的实现。其最大的缺陷是以预估的销售量来计算应制定的价格，颠倒了价格与销量的因果关系，忽略了市场需求和竞争。这种方法一般适用于在市场上具有一定影响力、市场占有率较高或具有垄断性质的企业采用。

## 3. 盈亏平衡定价法

在销量既定的条件下，企业产品的价格必须达到一定的水平才能做到盈亏平衡、收支相抵，这个既定的销量就称为盈亏平衡点。以盈亏平衡点为基础制定价格的方法就称为盈亏平衡定价法。

（1）计算公式

科学地预测销量和已知固定成本、变动成本是盈亏平衡定价的前提。定价后企业产品的销售量达到盈亏平衡点，可实现收支平衡，超过该点就能获得盈利；不足该点则必然出现亏损。其计算公式为：

单位产品价格 = 开发成本 / 盈亏平衡点销售量

单位产品价格 = 单位固定成本 + 单位变动成本

（2）使用条件

以盈亏平衡点确定的价格只能使企业的开发成本得以补偿，而不能获得收益。因而这种定价方法只有在企业的产品销售遇到了困难或市场竞争特别激烈的情况下，为避免更大的损失，将保本经营作为定价目标时，才可使用。

### 4. 边际成本定价法

边际成本是指每增加或减少一个单位产品所引起的成本变化量。因其不考虑企业固定成本的摊销，与产品的变动成本相似，所以边际成本定价法亦称为变动成本定价法，就是以单位产品变动成本作为定价依据和可接受价格的最低界限，结合考虑边际贡献（产品卖价减去边际成本）来制定价格的方法。即企业定价时只要所定价格高于单位产品的变动成本，就可以进行生产与销售，以预期的边际贡献补偿固定成本，并获得收益。

（1）计算公式

单位产品的价格 = 单位产品变动成本 + 单位产品边际贡献

（2）使用条件

边际成本定价法改变了售价低于总成本便拒绝交易的传统做法。通常适用于市场竞争激烈，产品供过于求，库存积压，企业坚持以总成本为基础定价时市场难以接受的情况，这时只要有边际贡献，就可以销售，极大地加强了企业竞争力，如果企业的项目固定成本比重非常小则更为适用。

## 需求导向定价

所谓需求导向定价法是指以消费需求为中心，依据买方对产品价值的理解和需求强度而非依据卖方的成本来定价。其主要方法有理解价值定价法和区分需求定价法。

### 1. 理解价值定价法

理解价值也称"感受价值"或"认识价值"，是消费者对于商品的一种价值认知，实际上是消费者对商品的质量、用途、款式以及服务水平的评估。理解价值定价法的基本指导思想是：

认为决定商品价格的关键因素是消费者对商品价值的认识水平，而非卖方的成本。

开发商在运用理解价值定价法时，首先要估计和测量在营销组合中的非价格因素在消费者心目中所起的作用，然后按消费者对产品档次的可接受程度来确定楼盘的售价。由于理解价值定价法可以与现代产品定位思路很好地结合起来，因而为越来越多的企业所接受。其主要步骤是：

① 通过信息传递和反馈确定顾客的认知价值。
② 根据顾客的理解程度决定商品的初始价格。
③ 预测商品的销售量。
④ 预测目标成本和销售收入。
⑤ 确定定价方案的可行性，进行价格决策。

理解价值定价法的关键是准确地掌握消费者对商品价值的认知程度。因此必须经过周密的市场调查，了解顾客的需求偏好，反复向消费者宣传产品的性能、用途、质量、品牌、服务等内容，以形成较为准确的产品价值观念。

### 2. 区分需求定价法

区分需求定价法又称差别定价法，是指房地产产品的发售可根据不同需求强度、不同消费取向、不同购买实力、不同购买地点和不同购买时间等因素，形成不同的售价。

对于开发商而言，同一种建筑标准、同一种规格、同一外部环境的商品房，可以根据楼层数、朝向、开间等方面，形成朝向差价、楼层差价、边间差价、面积差价、视野差价、建材差价、口彩差价等。

该定价方法适合于个性化较强的房地产产品。但应注意一点，即做到使不同的购房客户都能理解价格的差异，避免出现价位争议。

竞争导向定价

竞争导向定价是企业为了应付市场竞争的需要而采取的特殊定价方法。它是以竞争者的价格为基础，根据竞争双方的力量对比和竞争产品的特色，制定相对偏低、偏高或相同的价格参与竞争，以达到增加利润、扩大销售量或提高市场占有率等目标的定价方法。

对于房地产企业而言，当本企业所开发的项目在市场上有较直接的竞争者时，适宜采用竞争导向定价法。竞争导向定价法包括以下几种方法：

### 1. 市场比较法

市场比较法是将定价对象在定价时点的近期有过交易的类似房地产进行比较，对这些类似房地产的成交价格做适当的修正（包括交易情况、交易日期、个别因素和区域因素的修正），以此估算定价对象的客观合理价格或价值的方法。市场比较法的理论依据是房地产价格形成的替代原理。计算公式如下：

房地产价格 = 买卖实例单价 × 交易情况 × 交易日期 × 区域因素 × 个别因素

市场比较法存在的问题是在缺乏房地产交易的地区或对于很少有买卖实例的特殊房地产很难应用此法。这种方法一定要在邻地地区或同一供需圈之内的类似地区中，有与待求房地产类似的房地产交易时，才较为合适。另外，在应用这种方法时还需要进行交易情况修正、区域因素及个别因素的比较等，带有较强的主观性，不同的估价人其修正系数各有差异。

### 2. 随行就市定价法

随行就市定价法就是企业按照行业的平均价格水平来制定自己产品的价格。一般来说，当企业开发的产品特色不强，产品成本预测比较困难，竞争对手不确定，企业竞争能力弱，不愿打乱市场正常秩序，或者在竞争激烈而产品弹性较小的市场上，才采取这种方法。

随行就市定价法是一种比较稳妥的定价方法，在房地产业应用比较普遍，可以避免因硬性竞争造成的两败俱伤，比较受一些中、小房地产企业的欢迎。

### 3. 直接竞争定价法

如果开发商自身实力较强，开发规模大、成本相对偏低，而且产品本身并无突出特点参与竞争，则可以打价格王牌，以低于竞争产品的价格发售，可以有效排挤竞争，提升市场占有率；反之，如果产品特色显著，卖点多多，成本较高，则可以高于竞争对手的价格发售，即将本企业的产品提升到更高的档次，避开直面的竞争，以夺取不同层次的消费者群；如果必须与对方制定相同的价位进行竞争时，企业应注意发掘服务卖点，尽量减少正面冲突带来的损害。

### 4. 倾销定价法

在特定时期，企业可采用以低于成本的价格推出产品，如开盘初期、竞争过于激烈时、初次进入某市场、经济大萧条时期、尾盘发售阶段等。倾销的主要目的是提升市场占有率，树立企业形象，但由于对开发前期的盈利影响过深，并且易于引发激烈的价格冲突，因此对企业的素质要求较高。一方面，企业必须有能力在占领市场后逐步提升价格，争取盈利，避免消费认知偏颇；另一方面，还要注意横向协调，减少对市场的冲击，避免造成市场动荡。

## 四 可比楼盘量化定价法

针对许多楼盘均倾向于定性描述的现状，我们尝试对楼盘进行定量描述。进行量化统计的楼盘应为可比性较强的，地段、价格、功能、用途、档次都相近的现楼、准现楼或楼花。每一楼盘定级因素的具体指标及等级划分只有落实到具体楼盘所在片区才能清楚描述。

我们总共列出 18 个定级因素，分别为位置、价格、配套、物业管理、建筑质量、交通、城市规划、楼盘规模、朝向、外观、室内装饰、环保、发展商信誉、付款方式、户型设计、销售情况、广告、停车位数量。此 18 个因素，共分五等级，分值为 1、2、3、4、5。分值越大，表示等次越高。

### 1. 18 个定级因素

表 5-2 定级因素、指标与分值

| 定级因素 | 指标 | 分值 |
| --- | --- | --- |
| 位置 | A. 距离片区中心区的远近；B. 商业为临街或背街；C. 写字楼为临街或背街；D. 住宅距所在片区中心区的远近 | A. 最差（远）1；B. 很差（远）2；C. 一般 3；D. 很好（近）4；E. 最好（近）5 |
| 价格 | A. 百元以上为等级划分基础；B. 商铺、写字楼、豪宅、普通住宅等级依次减少；C. 价格是否有优势 | A. 最高 1；B. 很高 2；C. 一般 3；D. 很低 4；E. 最低 5 |
| 配套 | A. 城镇基础设施：供水、排水、供气、供电；B. 社会服务设施：文化教育、医疗卫生、文娱体育、邮电、公园绿地 | A. 最不完善 1；B. 不完善 2；C. 一般 3；D. 很完善 4；E. 最完善 5 |
| 物业管理 | A. 保安；B. 清洁卫生；C. 机电；D. 绿化率及养护状况；E. 物业管理费（元/月）；F. 是否人车分流；G. 物业管理商资质 | A. 最差 1；B. 很差 2；C. 一般 3；D. 很好 4；E. 最好 5 |
| 建筑质量 | A. 是否漏水；B. 门窗封闭情况；C. 内墙；D. 地板；E. 排水管道 | A. 最差 1；B. 很差 2；C. 一般 3；D. 很好 4；E. 最好 5 |
| 交通 | A. 大中小巴士路线数量；B. 距公交站远近；C. 站点数量；D. 大中小巴士舒适程度 | A. 最少（远）1；B. 很少（远）2；C. 一般 3；D. 很多（近）4；E. 最多（近）5 |
| 城市规划 | A. 规划期限（远中近期）；B. 规划完善程度；C. 规划所在区域重要性程度；D. 规划现状 | A. 最不完善 1；B. 不完善 2；C. 一般 3；D. 很完善 4；E. 最完善 5 |
| 楼盘规模 | A. 总建筑面积（在建及未建）；B. 总占地面积；C. 户数 | A. 最小 1；B. 很小 2；C. 一般 3；D. 很大 4；E. 最大 5 |
| 朝向 | A. 按方向；B. 按山景；C. 按海景；D. 视野 | A. 西（西北、西南）1；B. 东（东南、东北）2；C 北（东北、西北）3；D. 南（东南、西南）5 |

续表

| 定级因素 | 指标 | 分值 |
|---|---|---|
| 外观 | A. 是否醒目；B. 是否新颖；C. 是否高档；D. 感官舒适程度 | A. 最差1；B. 很差2；C. 一般3；D. 很好4；E. 最好5 |
| 室内装修 | A. 高档；B. 实用；C. 功能是否完善；D. 质量是否可靠 | A. 最差（远）1；B. 很差（远）2；C. 一般3；D. 很好（近）4；E. 最好（近）5 |
| 环保 | A. 空气；B. 噪声；C. 废物；D. 废水 | A. 最差1；B. 很差2；C. 一般3；D. 很好4；E. 最好（远）5 |
| 发展商实力及信誉 | A. 资产及资质；B. 开发楼盘多少；C. 楼盘质量；D. 品牌 | A. 最差（少）1；B. 很差（少）2；C. 一般3；D. 很好（多）4；E. 最好（多）5 |
| 付款方式 | A. 一次性付款；B. 分期付款；C. 按揭付款；D. 其他 | A. 最差1；B. 很差2；C. 一般3；D. 很好4；E. 最好5 |
| 户型设计 | A. 客厅和卧室的结构关系；B. 厨房和厕所的结构关系；C. 是否有暗房；D. 实用率大小 | A. 最差1；B. 很差2；C. 一般3；D. 很好4；E. 最好5 |
| 销售情况 | A. 销售进度；B. 销售率；C. 尾盘现状 | A. 最差1；B. 很差2；C. 一般3；D. 很好4；E. 最好5 |
| 广告 | A. 版面大小；B. 广告频率；C. 广告创意 | A. 最差（小）1；B. 很差（小）2；C. 一般3；D. 很好（大）4；E. 最好（大）5 |
| 停车位数量 | A. 停车位数量；B. 住户方便程度 | A. 最差（少）1；B. 很差（少）2；C. 一般3；D. 很好（多）4；E. 最好（多）5 |

## 2. 定级因素权重确定

权重是一个因素对楼盘等级高低影响程度的体现。由于影响楼盘的因素很多，不可能都被选择为楼盘定级因素，只有在进行了重要性排序和差异性选择后确定的因素，才能确定为楼盘定级因素。上述筛选出 18 个因素，按重要性及影响力的高低，确定每一因素的权重。权重越大，重要性及影响力就越高，反之亦然。

表 5-3　18 个因素的权重

| 因素 | 权重 | 因素 | 权重 |
|---|---|---|---|
| 位置 | 0.5 | 外观 | 0.1 |
| 价格 | 0.5 | 室内装饰 | 0.2 |
| 配套 | 0.4 | 环保 | 0.2 |
| 物业管理 | 0.3 | 发展商信誉 | 0.1 |
| 建筑质量 | 0.3 | 付款方式 | 0.2 |
| 交通 | 0.3 | 户型设计 | 0.1 |
| 城市规划 | 0.3 | 销售情况 | 0.1 |
| 楼盘规模 | 0.3 | 广告 | 0.1 |
| 朝向 | 0.3 | 停车位数量 | 0.1 |

### 3. 楼盘定级因素定级公式

$$P = \sum W_i \times F_i = W_1 \times F_1 + W_2 \times F_2 + \cdots + W_n \times F_n$$

式中 $P$ ——总分（诸因素在片区内楼盘优劣的综合反映）；

$n$ ——楼盘定级因素的总数；

$W_i$ ——权重（某定级因素对楼盘优劣的影响度）；

$F_i$ ——分值（某定级因素对片区所表现出的优劣度）。

**昆明市某项目公寓产品价格定位**

## 1. 市场情况

### (1) 公寓产品市场接受度高

整体市场仍以小面积、低总价的毛坯产品为主,部分项目以住宅用地打造公寓产品,市场接受度高。

在售公寓面积以紧凑型的单间为主,主力区间在 36~63 平方米,总价约 20 万 ~60 万元;

以毛坯交楼的产品为主,精装公寓相对较少;

过往公寓以商业用地性质为主,但目前在售的项目 E、项目 F 将住宅用地打造为小面积的单间产品,对外也宣传公寓产品。

表 5-4 昆明公寓产品基本概况

| 项目 | 总建<br>(万平方米) | 主力面积<br>(平方米) | 单价<br>(元/平方米) | 总价区间<br>(万元) | 用地性质 |
|---|---|---|---|---|---|
| 项目 A | 15.2 | 44、71~88<br>(LOFT) | 6800(2010 年) | 30~60 | 商业 |
| 项目 B | 2.78 | 46~55(占 84%)、<br>90(占 16%),可定<br>制单层最大面积 1270 | 13000(2011 年) | 59~71.5、<br>117 | 商业 |
| 项目 C | 17.5 | 45~112 | 5500(2010 年) | 24~61 | 商业 |
| 项目 D | 6.78 | 55~63 单间(占<br>80%)、108~130 一<br>房(占 20%) | 18000(精装) | 100~113、<br>194~239 | 商业 |
| 项目 E | 6.17 | 36~54 单间 | 5050(毛坯) | 18~30 | 住宅 |
| 项目 F | 19.5 | 46~62 单间 | 5217(精装、毛坯) | 23~32 | 住宅 |

注:以上数据为 2012 年数据。

### (2) 消费者购买公寓更看重地段价值

少数项目由于区位条件优越,成交火爆,充分说明消费者购买公寓首先看重地段价值,其次才是价格与创新型产品。

项目 E、项目 B 借助优越的区位条件及非凡的升值潜力在市场环境较为低迷的态势下热销,估算年去化量约 20 万 ~30 万平方米;

已售完的项目 A 和项目 C,区位不如老城区,年销售量适中,约 9 万 ~12 万平方米;

定位高端的酒店式公寓项目 D 受单价较高、户型面积较大的影响,销售情况较差。

表 5-5 昆明公寓产品销售情况

| 项目 | 建筑面积（平方米） | 销售情况 |
| --- | --- | --- |
| 项目 A | 15200 | 2010 年 6 月开盘，2 个月去化 95%，年销售约 9 万平方米 |
| 项目 B | 27800 | 2011 年 9 月开盘，开盘当月售完，反推年去化量约 33 万平方米 |
| 项目 C | 175080 | 2009 年 5 月开盘，在 2010 年 9 月售完，年均销售约 12 万平方米 |
| 项目 D | 67815 | 2010 年 6 月开盘，目前尾货在售，年销售约 3.8 万平方米 |
| 项目 E | 61750 | 2011 年 11 月底开盘，目前公寓尾货在售，反推年去化量约 22 万平方米 |
| 项目 F | 12400 | 2011 年 12 月底开盘，已成交约 1.17 万㎡，反推年去化量约 5 万平方米 |

注：以上数据为 2012 年数据。

**（3）客户以投资客为主**

客户整体来说，仍以投资客为主，少量资金有限的年轻人购买自住。

公寓的整体客户仍以投资客为主，所以对于地段较好的项目销售情况普通较好。

少数项目客户包括资金有限的年轻人以及自主创业的小企业。

表 5-6 昆明公寓产品成交客户情况

| 项目 | 成交客户情况 |
| --- | --- |
| 项目 A | 散买以投资客为主，部分楼栋大客户定向销售 |
| 项目 B | 位于城市核心区，地段好，成交客户以投资客为主 |
| 项目 C | 部分投资客置业后出租，但实际入住率并不高。目前以自主创业的小企业为主，包括网络科技公司、装饰公司、贸易公司等 |
| 项目 D | 酒店式公寓，成交客户以投资客为主 |
| 项目 E | 客户包括资金有限的年轻人自用以及大量投资客 |
| 项目 F | 以投资客为主，部分是已经购买了洋房及高层物业的老客户，都比较看重会展城片区未来的升值潜力。 |

## 2. 本项目首推的公寓产品价格及推售策略

**（1）价格策略：低价入市，逐步拉升**

本项目首推的高层住宅产品（主力户型 89、107、136 平方米）在 2012 年 3 月上旬、中旬三次开盘，在现行价格策略下快速抢占市场份额，取得很好的市场表现；竞争项目项目 E 2012 年 3 月 15 日以均价 3900~4000 元 / 平方米（待最终精确确认）推出新的地块，对市场做出快速反应。

本项目首推的公寓产品，一方面要针对主要竞争对手的价格调整相应地调整，另一方面要与 2012 年 3 月下旬第三组团主推的高层住宅产品（100~136 平方米主力户型）在总价上拉开价差。

建议本项目的首推公寓产品以低价入市,快速抢占市场份额,逐步拉涨价格。

**(2) 各组团价格策略**

首推公寓产品整体均价(表价)控制在 4350 元/平方米,根据各组团的价值差异:

4-6 号公寓产品栋均价(表价)控制在 4450 元/平方米;

4-7 号公寓产品栋均价(表价)控制在 4400 元/平方米;

7-1 号公寓产品栋均价(表价)控制在 4200 元/平方米;

**(3) 开盘蓄客策略**

在 2012 年 3 月 18 日清完前三批的大部分产品后,公寓产品在 3 月下旬启动认筹蓄客,给予开盘成交客户交 10000 抵 20000 优惠;在付款方式优惠上,一次性付款额外享受 98 折优惠。

首推公寓产品以一口价为主,原则上不再享受其他任何的优惠。

**(4) 各组团分期推售策略**

首推公寓产品共 1744 套。

其中 4-6 号为 21 层(公寓 6~21 层)6 梯 33 户,共 528 套,主力户型 34、42 平方米;

4-7 号为 18 层(公寓 6~18 层)6 梯 44 户,共 572 套,主力户型 34、42 平方米;

7-1 号为 30 层(公寓 8~30 层)5 梯 28 户,共 644 套,主力户型 49 平方米。

各栋均价 4-6> 4-7> 7-1。

根据低价入市,逐步拉长的价格策略,目前客户对未来中轴线周边物业的认同度,以及考虑公寓产品的户型结构配比,建议在首期主推 4-7、7-1 产品。详细分期见表 5-7。

表 5-7 未来方舟公寓产品推售计划

| 推售节奏 | 推售区域 | | | 推售时间 |
| --- | --- | --- | --- | --- |
| 第一批推售 586 套产品 | 4-7 | 34、42 户型各占一半 | 286 套 | 2012 年 3 月下旬 |
| | 7-1 | 49 户型 | 300 套 | |
| 第二批推售 630 套产品 | 4-7 | 34、42 户型各占一半 | 286 套 | 2012 年 4 月上、中旬 |
| | 7-1 | 49 户型 | 344 套 | |
| 第三批推售 528 产品 | 4-6 | 34、42 户型 | 528 套 | 2012 年 4 月中、下旬 |

## 3. 公寓产品定价原则

4-6 公寓产品栋均价(表价)约 4450 元/平方米;4-7 公寓产品栋均价(表价)约在 4400 元/平方米;7-1 公寓产品栋均价(表价)约 4200 元/平方米。

针对公寓一房一价,主要综合考虑以下几个定价原则:

① 主要考虑六个因素:交通便捷、配套、朝向、景观、户型及梯户比、噪声。

② 六因素在权重上，大致比例如下：交通便捷占 10%、综合配套 15%、朝向 20%、景观 30%、户型及梯户比 10%、噪音 15%。

③ 层差控制在 10%~15% 之间。